Weihnachtsmann
Osterhase ...
alles nur Schokolade?

Uwe Metz

Weihnachtsmann
Osterhase ...
alles nur Schokolade?

Was es an den
christlichen Festen
im Jahr wirklich
zu feiern gibt.

Edition
Evangelisches
Gemeindeblatt

Meiner Mutter und meinem Vater,
die uns das Jahr lehrten.

Inhalt

Vorwort

Liebe Leserin,
lieber Leser!

Eintönig kann eine Farbe wirken, wenn andere, begleitende Farben fehlen, die sie hervorheben. Eintönig empfinden wir meist die Farbe unseres Alltags, weil die Tage unterschiedslos dahingehen. Ein Tag scheint dem anderen zu gleichen. Wir brauchen den Unterschied, die Einsprengsel, die Nuancen, um uns von der Zeit, in der wir leben, einen Begriff machen zu können. Dieses Buch will jene Unterschiede und Nuancen anhand des Kirchenjahrs deutlich machen. Dabei greife ich auf eine alte Tradition in den Kirchen zurück: In der kirchlichen Tradition wird das Jahr in verschiedene Festzeiten aufgeteilt, denen man unterschiedliche Farben zuweist, nämlich die Farben des Kirchenjahres oder „liturgischen Farben". Das Kirchenjahr ist nicht nach den kalendarischen Regelmäßigkeiten wie Sommer- oder Wintersonnenwende geordnet, sondern richtet sich an den großen Ereignissen aus, die den Glauben begründeten: die Ankunft Christi im Advent, Weihnachten, Passion und Ostern, Jesu Leiden und Auferstehen, Pfingsten, das Kommen des Heiligen Geistes. Das kalendarische Jahr zählt die Tage. Das Kirchenjahr aber spiegelt eine Geschichte wider. Es folgt keinen Terminen, sondern einem Drama. Das gesamte christliche Glaubensgefüge, das sogenannte Dogma*, folgt diesem Drama, wie es das Kirchenjahr abbildet. Will man sich vom christlichen Glauben einen Begriff machen, darf man ihn nicht wie ein Regelwerk betrachten, sondern dramatisch. Der Glaube ist die eine große Geschichte, die die Geschichte eines jeden Einzelnen umschließt, ein Umstand, den beispielsweise die englische Schriftstellerin, Krimiautorin und christliche Humanistin Dorothy L. Sayers (1893–1957) betonte. Darauf weist das Kirchenjahr hin: auf das, was uns umschließt.

Farben spielen für das Kirchenjahr eine große Rolle. Jeder Akt des Dramas wird von einer anderen liturgischen Farbe begleitet: Advent wird durch Lila kenntlich gemacht, Weihnachten durch Weiß, Pfingsten durch Rot usw.

Wenn Sie heute eine katholische oder evangelisch-lutherische Kirche besuchen, erkennen Sie an der Farbe des Altartuchs, welcher Akt des Dramas – um im Bild zu bleiben – zur Aufführung kommt. In dieser Einteilung liegt eine tiefe menschliche Wahrheit: Wenn wir auf unser Leben schauen, so begreifen wir es nicht über Termine, die wir abhaken, sondern über das, was wir über unser Leben erzählen können. Ein ereignisloses Leben ist ein stummes Dasein. Der Mystiker Thomas Merton (1915–1968) hat es zugespitzt so formuliert: „Ein Leben ohne Erschütterung kann hoffnungsloser sein, als eines, das ständig am Rand der Verzweiflung steht." Durch die Feste, Gedenktage und -zeiten des Jahres wird die eigene Lebensgeschichte in Beziehung zur großen Geschichte Gottes gesetzt.

Dies In-Beziehung-Setzen betrifft nicht nur glaubende Menschen, sondern auch diejenigen, für die der Glaube keine oder nur eine untergeordnete Roll spielt. In den letzten Jahren erleben wir beispielsweise eine erstaunliche Renaissance der Fastenzeiten in Deutschland. Trotz zunehmender Kirchenferne und religiöser Ungebundenheit greifen wir auf den alten Rhythmus des Kirchenjahres zurück, weil wir instinktiv spüren, dass er uns eine heilsame Unterbrechung im gleichförmig strömenden Alltag gewährt. Wir brauchen solche Unterbrechungen, weil sie und nicht das beständige Tätigsein zutage fördern, was uns wirklich beschäftigt. Diese Unterbrechung währt oft nur die Dauer eines Gedankens. Sie vollzieht sich in einem intensiven Augenblick – und mehr als solche Augenblicke braucht es ja auch nicht. Der Philosoph Søren Kierkegaard drückte den einzigartigen Wert des Augenblicks mit folgenden Worten aus: „... der Augenblick ist eben das, was nicht in den Umständen liegt, das Neue, der Einschlag der Ewigkeit."

Kinder sind bekanntermaßen besonders empfänglich für die Kraft des Augenblicks. Sie ziehen die Eindrücke, die sie in solchen Augenblicken empfangen, zu Geschichten zusammen. Sie machen sich „einen Reim" auf die Welt, die sie umgibt und beschäftigt – eine großartige Gabe! Schriftsteller wissen diese Gabe zu schätzen. Wenn Sie einen Autor fragen, woher er die Inspiration für seine Bücher nimmt, ist es meistens die Kindheit, auf die er verweist.

Dieser großartigen Gabe der Kinder habe ich eine Hälfte meines Buches gewidmet. Was macht der Weihnachtsmann im Krankheitsfalle? Welchen wichtigen Zweck erfüllt ein Christbaum an Ostern? Für Paul, elf Jahre, ist keineswegs alles nur Schokolade. Paul geht Detailfragen nach. Was er entdeckt, lässt die Farben des Kirchenjahres in neuem, originellem Licht erscheinen. Die Geschichten von Paul bilden den ersten Teil jedes Kapitels um ein Kirchenfest. Der zweite Teil beschäftigt sich mit der Herkunft und der Bedeutung dieses Festes oder Gedenktages.

Ich wünsche Ihnen beim Lesen ebenso viel Vergnügen, wie ich es beim Schreiben hatte, und dass Sie ebenso über manch ein Aha-Erlebnis staunen, auf das ich stieß, während ich zu Weihnachtsmännern und Osterhasen recherchierte.

Ihr
Uwe Metz

* Einige der Wörter im Text sind mit einem Sternchen gekennzeichnet. Die weiterführenden Erläuterungen zu diesen Begriffen finden Sie im Glossar ab Seite 126.

November

Totensonntag

ein mehrdeutiger Feiertag:

Er gilt dem Totengedenken, aber ebenso – und vielleicht noch mehr –
der Hoffnung auf die Ewigkeit.

Sankt Martin

Lichtblick in der Dunkelheit:

Wie Martin von Tours zum heiliger Mann wurde und warum Sank Martin
bis heute ausstrahlt.

Ich bin Paul

Nele wollte mit. Nele will immer mit. Nele ist meine kleine Schwester. Sie hat gerade Laufen gelernt und seitdem läuft sie mir hinterher oder Mama und Papa. Aber ich glaube, am meisten habe ich mit ihr zu tun. Ich bin Paul, ihr großer Bruder, 11 Jahre, Klasse 5b. Manchmal sagt Mama, wenn sie viel zu tun hat: „Spiel doch mal mit Nele! Sie ist deine Schwester." Als ob ich das nicht wüsste. Als ob ich nie mit Nele spielen würde. Ich baue mit Lego Technik, Nele baut auch. Das heißt, sie bringt alles durcheinander oder zum Einsturz. Ich fechte mit meinem Star-Wars-Lichtschwert. Wer will gegen mich kämpfen? Nele. Nele ist zwar so groß wie Meister Yoda, aber mehr haben sie nicht gemeinsam. Ihr Glück! Meister Yoda ist nicht gerade eine Schönheit.

Als Oma mit mir Drachen steigen lassen wollte, zog Nele an ihrem Bein, um mitzukommen. Natürlich! Papa und Mama fanden, dass das eine gute Idee war. Es war ein schöner Sonntag im November. Kalt und windig, aber die Sonne schien. Ich sah Oma an. Ohne den Mund zu bewegen, sagte ich ihr sozusagen mit Gedankenkraft: „Nein! Ich will mit dir den Drachen steigen lassen. Ich will Nele nicht dabei haben."

Ihr dürft nicht denken, dass ich Nele nicht mag. Aber ich kann nichts mehr alleine machen. Oder mit Oma, Mama oder Papa. Nele hängt immer mittendrin. Dabei kapiert sie überhaupt nicht, was um sie herum passiert. Sie quengelt oder schreit oder lacht, macht irgendwelche komischen Sachen, die ihr gerade einfallen. Oder sie läuft davon, weil sie ja jetzt laufen kann. Man muss dauernd auf sie aufpassen. Wenn wir sie zum Drachensteigen mitnehmen würden, liefe es darauf hinaus, dass Nele die Schnur halten wollte oder anfangen würde, in den Maulwurfshügeln auf der Wiese zu buddeln und sich von oben bis unten zu versauen.

Oma verstand, was ich sagte. Ich weiß nicht, wie sie das machte, weil ich doch den Mund nicht bewegte. Aber sie kapierte es.

„Weißt du, Tessa", Tessa ist meine Mutter, „ich mache das jetzt mal mit Paul alleine. Ich hab's ihm schon lange versprochen."

Und wir zischten ab.

Wir fuhren mit dem Bus zum alten Friedhof. Die Wiese lag zwischen dem Friedhof, den Feldern und den Obstbäumen. Man kann dort großartig Drachen steigen lassen. Oma hatte einen besorgt, der mir ziemlich gut gefiel. Einen gelben Drachen mit einer riesigen schwarzen Fledermaus drauf. Oma gefiel er, glaube ich, nicht so gut. Sie murmelte etwas wie: „Habe nicht richtig auf die Verpackung gesehen. Eigentlich wollte ich einen Schmetterling."

„Er ist super, Oma!", sagte ich zu ihr. Und tatsächlich flog er prima. Oma nahm die Schnur, ich lief los und hielt den Fledermausdrachen hoch in die Luft. Eine Windbö erfasste ihn, trieb ihn nach oben in den blauen Himmel. Ich durfte die Schnur übernehmen und rollte sie gleichmäßig ab, sodass er immer höher stieg. Dann wechselte der Wind plötzlich und blies ihn direkt auf die Obstbäume zu.

„Hol den Drachen wieder zurück, sonst verfängt sich die Schnur in den Ästen", rief Oma. Aber es war zu spät. Die Fledermaus flatterte knatternd über das Stück Feld mit den Bäumen, verfing sich in einem Ast, drehte sich ein paar Mal in der Luft um sich selbst und dann riss die Schnur. Der Wind war zu stark für sie. Der Drache verschwand zwischen den Wolken. Er wurde immer kleiner und flog prächtig. Ich sah ihm nach. Oma zog die Augenbrauen hoch.

„Wir kaufen einen anderen", sagte sie.

Der Fledermausdrache war nur noch ein Punkt zwischen den Wolken wie ein Vogel.

„Du darfst dir einen neuen aussuchen." Ich glaube, sie hatte Angst, dass ich weinen würde. Aber ich war nicht traurig.

„Einen Schmetterling oder einen Marienkäfer", schlug sie vor.

„Wo hört der Himmel auf?", fragte ich Oma. Den Drachen konnte ich nicht mehr sehen.

Oma dachte nach.

„Man kann sich nicht vorstellen, dass er überhaupt ein Ende hat, weil er so groß ist. Nachts, wenn man die Sterne sieht, denkt man, dass er kein Ende hat. Aber ich habe gehört, dass er doch nicht unendlich ist. Forscher haben das herausgefunden, verstehst du?"

Ich schüttelte den Kopf.

„Nun, wir sind eben sehr klein. Viel kleiner als der Himmel. Stell dir vor, du bist ein Käfer oder eine Ameise hier auf der Wiese. Die Grashalme sind wie die höchsten Bäume und die Blumen wie Hochhäuser. Bäume wären für dich so groß, dass du ihre Kronen nicht erkennen könntest, weil du so klein bist. Für dich hätte die Wiese kein Ende. Aber trotzdem hört sie dahinten beim Stoppelfeld auf. Wir hätten den Drachen auf dem Stoppelfeld steigen lassen sollen und nicht in der Nähe der Bäume." Sie sah mich an: „Bist du traurig, weil er kaputt ist?"

„Nein, Oma", antwortete ich. „Er ist doch nicht kaputt. Er fliegt doch. Er fliegt bis zum Stoppelfeld im Himmel."

„Da hast du recht." Oma nickte. „So gesehen hat er sogar Glück gehabt. Es gibt nicht viele Drachen, die es bis dahin schaffen. Aber bei dem Wind heute müsste er es hinkriegen."

Totensonntag – ein mehrdeutiger Feiertag

Seitdem es Menschen gibt, denken wir über das nach, was über uns hinausgeht. Wir berechnen die Grenzen des Himmels, aber zugleich überlegen wir, was sich jenseits davon verbergen könnte. Uns ist eine Sehnsucht nach Ewigkeit zu Eigen.

Diese Sehnsucht nach Ewigkeit durchzieht die christlichen Gedenktage und Festzeiten. Besonders deutlich kommt sie am Totensonntag zum Ausdruck. Er wird im November in den evangelischen* Kirchen begangen. An diesem Gedenktag besinnt man sich in den Gemeindegottesdiensten auf die letzten Dinge und zugleich auf das, was ihnen folgt. Im christlichen Glauben ist der Tod nicht das Ende, sondern ein Übergang zur Ewigkeit mit Gott. Deshalb wird dieser Sonntag auch Ewigkeitssonntag genannt. Es gibt eine Barmherzigkeit, Gottes Barmherzigkeit, die stärker ist als der Tod. Sie wurde sichtbar in der Auferstehung Jesu Christi. Am Totensonntag wird der Verstorbenen einer Gemeinde gedacht. Aber die Trauer um den Abschied von einem geliebten Menschen steht im Horizont der Hoffnung auf das ewige Leben. Der Bogen spannt sich von der Erinnerung an verstorbene Angehörige bis zum Ausblick in die Ewigkeit und deren Bedeutung für uns im Leben jetzt und hier. Traditionell wird am Totensonntag das Gleichnis von den klugen und den törichten Jungfrauen ausgelegt (Matthäusevangelium*, Kapitel 25, Verse 1–13). In diesem Gleichnis geht es um die Zeichen der Zeit, um Wachsamkeit gegenüber dem, was kommt.

Der Totensonntag beschließt das Kirchenjahr*. Das beginnt nämlich nicht mit dem 1. Januar, sondern mit dem 1. Advent Ende November, Anfang Dezember. Der Totensonntag ist der Sonntag vor dem 1. Advent.

Die liturgische Farbe des Totensonntags ist entweder Schwarz, Weiß oder Violett, je nachdem, wo der Akzent gesetzt wird: Schwarz ist die Farbe der Trauer, Violett die Farbe der Umkehr und Besinnung. In denjenigen Gemeinden, in denen besonders die Hoffnung auf die Ewigkeit betont werden soll, wird der Altar mit einem weißen Tuch geschmückt.

Das Besondere am Toten- bzw. Ewigkeitssonntag ist, dass er, anders als die anderen Feiertage der Kirche, vergleichsweise sehr jung ist. König Friedrich Wilhelm III. von Preußen erhob 1816 den Sonntag vor dem 1. Advent zum Gedenktag für die Verstorbenen. Er galt zunächst nur in den evangelischen Kirchen Preußens, wurde aber im Lauf der Zeit von allen Landeskirchen im Deutschen Reich übernommen. Der Totensonntag ist also einer der wenigen rein evangelischen Feiertage. Es lag in Friedrich Wilhelms Absicht, den Protestanten in seinem Land die Gelegenheit zu geben, einen evangelischen Totengedenktag zu halten; das katholische* Pendant ist Allerseelen am 2. November. Auch die Erinnerung an seine geliebte, jung verstorbene Frau Louise und die Gefallenen der Befreiungskriege gegen Napoleons Herrschaft mögen bei der Einführung des Totensonntags eine Rolle gespielt haben.

Toten- bzw. Ewigkeitssonntag und Allerseelen gelten als sogenannte stille Feiertage. Das sind neben Totensonntag und Allerseelen Heiligabend, Aschermittwoch, die gesamte Karwoche, Oster- und Pfingstsonntag, Buß- und Bettag und Allerheiligen. An diesen Tagen werden bestimmte Auflagen beachtet, wie z. B. das Tanzverbot an Gründonnerstag und Karfreitag oder am Volkstrauertag, dem Sonntag vor dem Totensonntag, bei dem der Opfer der Weltkriege gedacht wird. Ob und welche Feiertage in dieser Weise begangen werden, ist aber Sache des jeweiligen Bundeslandes. Das Feiertagsgesetz ist Landesrecht und die Bestimmungen über die stillen Feiertage fallen von Bundesland zu Bundesland durchaus unterschiedlich aus. Deshalb kann zum Beispiel am Karfreitag in Berlin eines der größten Tanzturniere, das Berliner Tanzkarussell, eröffnet werden, während in Baden-Württemberg Tanzverbot herrscht.

16

Exkurs   Dem katholischen Festtag Allerseelen geht am 1. November
der Feiertag Allerheiligen voraus. Der Vorabend von Allerheiligen heißt
„All Hallow's Eve" Das Wort „Halloween" ist eine Verballhornung von
Hallow's Eve.
Seine Ursprünge liegen in keltisch-angelsächsischer Zeit. Die katholische
Kirche gab dem heidnischen Fest eine neue, christliche Bedeutung.
Statt auf heidnische Dämonen und Geister bezog man das Fest nun auf
die christlichen Heiligen.

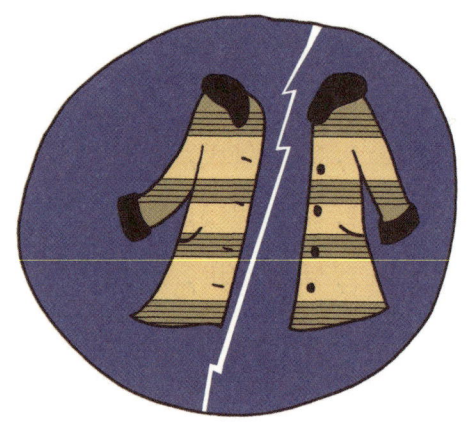

Laternenlicht

„Wir müssen uns eben trennen", sagte Mama zu Papa. Papa machte ein Gesicht, als hätte er in eine Zitrone gebissen. „Wir können nicht beide zum St.-Martins-Umzug gehen. Ich muss zu dieser Info-Veranstaltung. Ich würde auch lieber mitkommen."

„Gesundheit am Arbeitsplatz. Wenn sie schon wollen, dass du dort hingehst, warum kannst du das nicht während deiner normalen Arbeitszeit machen?", fragte Papa.

„Es ist nun einmal so, Benedikt! Das Ganze findet am Abend statt. Ich wäre auch lieber mit dir und Paul beim Laternenumzug", antwortete Mama. In meiner Klasse ziehen wir jedes Jahr am St.-Martins-Tag mit Laternen durch die Stadt. Wir treffen uns mit unseren selbstgemachten Laternen auf dem Schulhof und dann gehen wir los.

„Ich fühle mich wohler, wenn du dabei bist", meinte Papa. „Letztes Jahr sind außer mir nur zwei andere Väter mitgelaufen und das Jahr davor keiner."

Mama gab ihm einen Kuss. „Dann musst du tapfer sein."

Also gingen Papa und ich am nächsten Tag zum St.-Martins-Umzug. Nele war bei Oma und Mama lernte, wie der Rücken gesund bleibt.

Ich hatte eine Laterne in meinen Lieblingsfarben Gelb und Rot gebastelt. Dazu hatte ich Butterbrotpapier mit Wachsmalstiften bemalt, zusammengefaltet und war mit einem warmen Bügeleisen drübergefahren. Das Wachs schmolz und die Farben vermischten sich. Eigentlich ist auch Grün eine meiner Lieblingsfarben. Aber Grün, Rot und Gelb geben Braun, das sieht dann aus wie angebrannte Frikadellen. Mein bester Freund, Serkan, benutzte alle Wachsmalstifte, auch Schwarz. Besonders Schwarz. Es sah aus, als wollte er möglichst wenig Licht durch seine Laterne lassen. Er verteilte so viel Schwarz auf dem Butterbrotpapier, dass der Stift nur noch halb so groß war, als er ihn zurücklegte. Die Laternenstäbe waren etwas Besonderes. Kleine Lämpchen baumelten am Ende herunter, die man anknipsen konnte. Im Griff steckte eine Batterie, damit das Lämpchen leuchtete. Bislang hatten wir Kerzen für die Laternen benutzt, aber letztes Jahr fingen die von Mila und Nikolas Feuer, weil sie ihre Laternen nicht ruhig in der Hand hielten, sondern hin- und herschwenkten. Dabei stießen sie zusammen und die Kerzen fielen um. Übrig blieben nur zwei Holzstäbchen, die am Ende rauchten. Mila und Nikolas schrieben mit dem Rauch ihre Namen in die Luft, was ihnen ziemlich Spaß machte. Doch die Eltern fanden es besser, keine Kerzen mehr anzuzünden.

Wir trafen uns auf dem Schulhof, wo jeder seine Laterne bekam. Meine leuchtete orange, wo Gelb und Rot zusammengelaufen waren. Serkans Laterne ließ nur ein paar kleine bunte Lichtpunkte durch, was ihm sehr gut gefiel. Wir gingen gemeinsam los. Erst Herr Butzkow und Frau Wollenschläger, die Lehrer, dann die Schüler und zum Schluss die Eltern. Papa stand zwischen zwei Müttern. Er war wirklich der einzige Papa. Das tat mir leid und ich winkte ihm mit meiner Laterne zu. Aber er schaute gerade auf sein Smartphone. Das macht er immer, wenn er sich langweilt oder nicht wohl fühlt. Mama kann das Ding nicht leiden. Sie sagt, wenn die Leute darauf starren, sehen sie aus wie Kühe auf der Wiese, die sich mit nichts anderem beschäftigen, als Gras zu fressen und Kuhfladen zu hinterlassen. Aber an diesem Tag zeigte sich, dass so ein Smartphone eine nützliche Erfindung ist. Und das kam so:

Wir wanderten durch die Stadt, an der Bäckerei und am Supermarkt vorbei bis zum Park. Dort stellten wir uns in einem Kreis auf und Herr Butzkow erzählte die Geschichte von Sankt Martin. Sankt Martin ritt auf einem Pferd – Herr Butzkow wieherte und schnaubte. Dann sah Sankt Martin einen frierenden Bettler, den Herr Butzkow richtig gut nachmachte: Er zitterte am ganzen Körper. Deshalb hob Martin sein Schwert und schnitt mit einem Hieb seinen warmen Mantel in zwei Teile. Das Schwert zischte in der Luft. Ein Teil bekam ich, weil ich in dem Augenblick den Bettler spielen musste, und den anderen Teil behielt Martin. Ich hielt den unsichtbaren Mantelzipfel mit ausgestrecktem Arm fest, bis Herr Butzkow die Geschichte zu Ende erzählt hatte. Die Erwachsenen, also die Mütter und mein Papa klatschten sogar, weil er so gut erzählt hatte. Da rief Serkan neben mir ganz erschrocken: „Meine Laterne ist kaputt!"

Das Lämpchen flackerte und wurde schwächer und dann ging es aus. Serkan drückte ein paar Mal auf den Knopf, um das Lämpchen wieder anzuzuschalten. Aber es klappte nicht. Auch nicht, als seine Mutter es versuchte. Serkan wurde wütend. „Ich glaube, die Batterie ist alle", sagte Serkans Mama. Alle starrten auf Serkans schwarze Laterne.

„Kein Problem", rief Papa plötzlich. „Gleich funktioniert's wieder." Er nahm sein Smartphone und stellte es an. Das Licht vom Bildschirm leuchtete ihm ins Gesicht. Dann drückte er ein paar Tasten und legte das Smartphone vorsichtig in Serkans Laterne. Nun leuchtete sie wieder, sogar heller als vorher mit dem Lämpchen.

„Toller Einfall, vielen Dank!", sagte Serkans Mama.

„Ich benutze mein Smartphone öfters, wenn ich abends die Autotür aufschließen muss. Es ist mein kleiner Lichtblick im Dunkeln", antwortete Papa.

„Wirklich gut, dass du mitgekommen bist", sagte ich zu Papa, als wir nach Hause gingen. Ich war an diesem Tag ziemlich stolz auf ihn.

Sankt Martin – Lichtblick in der Dunkelheit

Neben Sankt Nikolaus ist der Gedenktag des heiligen Martin von Tours ein Tag, der sowohl von katholischen* wie von evangelischen* Christen begangen wird. Grund dafür ist, dass am 11. November der Zehnte der Ernte abgerechnet wurde. Mit dem Martinstag endete das bäuerliche Wirtschaftsjahr, denn die Ernte war eingebracht. So ist er im Gedächtnis des Brauchtums geblieben. Am „Zinstag", wie man den Martinstag auch nannte, wurde ein Festmahl zubereitet, dessen Hauptgang aus Gänsebraten bestand. Dieser Brauch steht mit einer weniger bekannten Legende um Martin in Verbindung: Während einer Predigt des Heiligen drang schnatternd und flügelschlagend eine Schar Gänse in die Kirche ein und störte die Andacht. Man unterbrach den Gottesdienst, um die Tiere einzufangen. Nach dem Gottesdienst verspeiste man das unfromme Geflügel kurzerhand.

Aber wer war nun jener Martin eigentlich?

Er lebte im 4. Jahrhundert und war der Sohn eines hohen römischen Militärs aus Pannonien, dem heutigen Ungarn. Zunächst ergriff er, wie es die Familientradition verlangte, ebenfalls die Soldatenlaufbahn. Martinus war Christ, deshalb neigte er zum Pazifismus, obwohl er sich als Soldat dem römischen Imperium verpflichtet hatte. Später quittierte er aus diesem Grund seinen Dienst vorzeitig. Man sagt, das einzige Mal, dass er das Schwert gehoben habe, habe er es aus Barmherzigkeit getan. Er zerteilte damit seinen Soldatenmantel, um einen frierenden Bettler vor dem Kältetod zu bewahren. Seine militärische Karriere brachte Martin auch nach Gallien, ins heutige Frankreich. Nachdem er seinen Dienst quittiert hatte, ließ er sich von seinem Freund und Mentor Hillarius, dem Bischof von Poitiers, taufen und zog sich in eine Einsiedelei zurück. Er war ergriffen von dem Ideal des Mönchtums, einer Lebensform, die zu jener Zeit im Abendland noch nicht Fuß gefasst hatte. Martin hatte von einem frommen Ägypter namens Antonius gehört, der als Eremit gelebt hatte. Von seinem Leben und Glauben, so heißt es, war Martin tief beeindruckt. Doch mit der Einsamkeit wollte es ebenso wenig klappen wie mit dem Soldatendasein. Immer mehr Menschen hörten von dem gütigen, frommen Mann und suchten seinen Rat. In Ligugé, einem Ort in der Nähe von Poitiers, gründete er ein Kloster*. Diese Lebensform kam ursprünglich aus Ägypten und Martinus' Kloster war die erste Einrichtung dieser Art nördlich des Mittelmeers.

Martins Ruhm wuchs unaufhaltsam, insbesondere seine Menschenfreundlichkeit und Weisheit machten ihn weithin bekannt. Als in der nördlich gelegenen Stadt Tours ein neuer Bischof gesucht wurde, sprachen sich die Gläubigen für Martin aus. Und so wurde er – eigentlich gegen seinen Willen – Bischof von Tours. Doch auch während dieser Zeit blieb er seinem mönchischen Ideal treu. Repräsentative Gebäude waren seine Sache nicht. Er blieb bescheiden und residierte, wenn er sich in Tours aufhielt, in einer Klosterzelle.

Die Überlieferung berichtet, der heilige Martin habe in sich alle Eigenschaften vereint, die seine Zeitgenossen von einem Kirchenmann und christlichen Seelsorger erwarteten: Hingabe, Demut, Gerechtigkeitssinn, Mut, Weisheit und Barmherzigkeit. Kurz: Er war ein glaubwürdiger Mann des Glaubens.

Exkurs Martin Luther verdankt dem Heiligen übrigens seinen Vornamen. Luther wurde am 10. November 1483 geboren und am folgenden Tag getauft. Wie es damals üblich war, wurde er nach dem Heiligen genannt, dessen Gedenktag man beging.

Dass man am Sankt-Martins-Umzug Lichter und Laternen anzündet, hängt zusammen mit dem Beginn der sogenannten Lichtarbeit um den 11. November herum. Ab dieser Zeit wurde nicht mehr draußen auf den Feldern gearbeitet. Sie waren abgeerntet und die Tage wurden immer kürzer. Nun musste man für die meisten Tätigkeiten ein Licht anzünden. Mit dem Umstand, dass selbst kleine Lichter tiefe Finsternis erhellen, verband sich die christliche Lichtsymbolik: Jesus wird als „Licht der Welt" bezeichnet (Johannesevangelium*, Kapitel 8, Vers 12), aber auch die Gläubigen werden so genannt: „Ihr seid das Licht der Welt" (Matthäusevangelium, Kapitel 5, Vers 14). Das Licht der Gläubigen wird sichtbar durch Taten der Barmherzigkeit. Martin ist ein Beispiel für dieses Licht.

Auch sprachlich sinnfällig wird die Verbindung von Licht und Heiligkeit in der Bezeichnung der Heiligen in slawischen Sprachen, z. B. russisch: „Svet" bedeutet sowohl heilig als auch leuchtend.

Dezember

Sankt Nikolaus

Erfinder der Bescherung:

Bischof Nikolaus verteilte zwar Gaben, aber mit dem Weihnachtsmann

hatte er viel weniger zu tun hat, als wir eigentlich meinen.

Advent

Um was es wirklich geht im Advent:

Warum das Jahr mit dem Advent beginnt und weshalb Hektik und Stress

in der Zeit vor Weihnachten eigentlich nichts zu suchen haben.

 Weihnachten

Lichtblick in der Dunkelheit:

Warum die Christen ausgerechnet an diesem Tag die Geburt des Heilands

feiern? Vielleicht weil es Weihnachten schon vor Christi Geburt gegeben hat.

Der Nikolaus aus dem Backofen

Papa kauft nicht so oft ein wie Mama, weil er es nicht so gerne macht. Aber dieses Mal kam er nicht daran vorbei.

„Ich habe letztes Jahr die Schokoladennikoläuse für die Kinder gekauft", sagte Mama. „Außerdem habe ich versprochen, mit ihnen heute Plätzchen zu backen."

„Ich mache es schon, aber es ist vier Uhr und ich bin gerade erst von der Arbeit gekommen. Die Stadt ist voller schlecht gelaunter Menschen, die Geschenke besorgen. Kann ich es nicht morgen machen?", murrte Papa.

„Morgen ist Nikolaustag, dann ist es zu spät", antwortete Mama.

„Na gut! Dann fahre ich halt noch mal los." Papa gab auf.

„Da fällt mir noch ein", meinte Mama etwas abwesend. „Bitte bringe die leckeren Schokonikoläuse mit. Ich meine die mit dem guten Kakao. Die anderen schmecken so lasch. Du weißt schon, welche ich meine. Die, die ich auch gerne mag."

Papa stöhnte leise. „Na, dann auf in den Kampf!", sagte er.

„Du bekommst ein Weihnachtsplätzchen, wenn du zurück bist. Wir backen deine Lieblingssorte."

Papa steckte die Schlüssel in seine Hosentasche. „Lebt wohl!"

„Kehre bald heim, mein mutiger Soldat!", rief Mama fröhlich und warf ihm eine Kusshand zu.

Mama und ich begannen den Plätzchenteig vorzubereiten. Wir nahmen Butter, Mehl, gemahlene Nüsse, Eier, Zucker, Zimt und Nelkenpulver, Vanille und Milch. Mama vermischte alles und wir kneteten einen Teig, jeder eine dicke Kugel.

„Papa ist wieder da, wenn wir das zweite Blech Nussplätzchen fertig haben", meinte Mama. Aber er kam erst, als wir gerade den Kokosmakronenteig auf kleine, runde Oblatenplättchen verteilten. Diese Oblatenplättchen sind ein komisches Zeug. Sie sehen aus wie Papier und schmecken auch so.

Aber sie sind aus Mehl. Wenn man sie isst, muss man aufpassen, dass sie einem nicht oben im Mund festkleben.

Papa sah ziemlich erschöpft aus und wütend war er auch. Mama reichte ihm ein warmes Nussplätzchen.

„Danke, aber später!", schnaufte er. „Es ist ein Unglück geschehen. Ich hab's ja gesagt."

Mama sah ihn erschrocken an.

Papa hob eine Plastiktasche hoch.

„Die Schokoladennikoläuse sind zerbrochen. Es waren die guten aus bestem Kakao. Ich habe die Tüte in den Kofferraum gestellt. Der Wagenheber ist dagegen gerutscht und hat sie zerquetscht." Er atmete tief ein und aus. „Hab eine Notbremsung hinlegen müssen, weil einer bei Rot mit einem Affenzahn über die Ampel gezogen ist. Dabei ist es passiert."

Mama schaute in die Tüte.

„Nur noch Schokoscherben. Oh, du hast auch an einen für mich gedacht, wie lieb von dir!"

„Aber er hat's nicht geschafft. Sind dem Weihnachtseinkaufskrieg zum Opfer gefallen, die armen Jungs."

„Ich habe eine Idee", sagte Mama plötzlich und gab Papa einen Kuss. „Alles wird gut."

Dann holte sie eine große Schüssel aus dem Küchenschrank, nahm die zerbrochenen Schokoladennikoläuse aus ihrer Verpackung und gab die Stücke in die Schüssel. Während ich die Stücke mit einem Kochlöffel noch kleiner machte, mischte sie einen neuen Teig in einer anderen Schüssel und gab meine Schokoladenstücke dazu. Dann verteilte sie den Teig auf einem Backblech. Als der Kuchen im Ofen buk, roch es herrlich nach Kakao.

„Der Rest ist eine Überraschung", sagte Mama, als sie den fertigen Kuchen aus dem Ofen nahm.

Ich war ziemlich gespannt auf die Überraschung. Bei den Weihnachtsgeschenken wusste ich genau Bescheid, denn Mama und Papa verstecken sie immer unter dem Bett in ihrem Zimmer. Ich kenne mindestens fünf Verstecke, die außer mir niemand finden würde. Aber bei dieser Überraschung war ich ratlos. Papa auch. Er hob nur die Schultern.

Am nächsten Tag, dem Nikolaustag, stand vor meinem Zimmer ein Teller mit Plätzchen, Mandarinen und Marzipankartoffeln. Ich bin der Einzige in der Familie, der Marzipan mag. Mama und Papa essen lieber Nougat, und Nele weiß noch nicht, was ihr besser schmeckt. Sie stopft sowieso alles in sich hinein, was süß ist. Es gab einen Nikolaus, allerdings keinen aus Schokolade. Mama hatte welche aus dem braunen Kuchenteig geschnitten. Vier braune Nikoläuse, um genau zu sein. Mit weißen Mützen und Bart und roten Mänteln aus Zuckerguss. Einen für mich, einen kleinen für Nele, einen für Papa und einen für sich selbst. Das Beste aber waren ihre Gesichter. Die Nikoläuse lachten bis zu den Ohren und streckten eine kleine, rote Zuckergusszunge heraus.

Sankt Nikolaus – der Erfinder der Bescherung

Der Berühmteste unter den Heiligen und Verantwortlicher für das Geschenke-verteilen ist Sankt Nikolaus. Er ist keine Sagengestalt wie seine Begleiter Knecht Ruprecht, der Butz (Schwaben) oder der Zwarte Piet (Niederlande). Nikolaus von Myra war ein Bischof aus dem 4. Jahrhundert, der in Myra, dem heutigen türkischen Demre, lebte.

Exkurs   Sucht man nach den Geburtsorten vieler für die abendländi-sche Kirche bedeutender Personen und Heiliger, wird man oft im Orient fündig. In diesen heute vorwiegend islamischen geprägten Ländern war die Bevölkerung ursprünglich christlich. Sankt Nikolaus stammt aus Izmir, Kleinasien in der heutigen Türkei, Antonius, der erste Mönch, war Ägypter. Monnica, die Mutter des Kirchenvaters Augustinus, war möglicherweise Berberin aus dem nordafrikanischen Atlasgebirge.

Von Bischof Nikolaus wurden viele Wundertaten erzählt, auch soll er Teil-nehmer des wichtigsten Konzils* der christlichen Kirche gewesen sein: des Konzils von Nicäa im Jahr 325. Kaiser Konstantin, der die Verfolgung der Christen endgültig beendete und die christliche Religion den anderen Reli-gionen im Römischen Reich gleichstellte bzw. später sogar förderte, berief dieses Konzil ein, auf dem kirchliche Lehren beschlossen wurden, die bis heute wichtig sind. Die Teilnahme von Nikolaus an diesem Konzil zeigt, dass er ein bedeutender Mann gewesen sein muss. Der Legende nach war er be-sonders durch seine Großzügigkeit bekannt. So wird überliefert, dass ein ar-mer Mann seine drei Töchter als Prostituierte arbeiten lassen wollte, weil er keine Mitgift aufbringen konnte, um sie zu verheiraten. Nikolaus, selbst wohlhabend, erfuhr davon und warf an drei Nächten hintereinander Gold zum Fenster des Hauses hinein, in dem der arme Mann und seine drei Töch-ter wohnten. Dies ist vermutlich der Ursprung dafür, dass Nikolaus als Ga-benbringer verehrt wird.

In Deutschland feierte man am Gedenktag von Sankt Nikolaus, dem 6. De-zember, Bescherung. Das Wort bedeutet „Zuteilung, Verteilung"; an diesem

Tag wurden untereinander Geschenke verteilt. Doch nach der Reformation schaffte man die Heiligenverehrung in protestantisch* geprägten Ländern ab. Die Bescherung wurde daraufhin später gefeiert, am Heiligen Abend. Kurioserweise blieb die Bescherung am 6. Dezember ausgerechnet in einem Land erhalten, das sich besonders dem Protestantismus verbunden weiß: in den reformierten Niederlanden. Zwar versuchten die kirchlichen Würdenträger des neuen Glaubens, den Sankt-Nikolaus-Tag abzuschaffen, um alte katholische Traditionen in der Bevölkerung auszumerzen. Aber „Sinterklaas", wie Sankt Nikolaus auf Niederländisch heißt, war zu populär. Möglicherweise deswegen, weil es mit dem Brauch in Verbindung stand, dass am Vorabend zum 6. Dezember den armen Leuten in Utrecht gestattet war, ihre Schuhe vor die Sankt-Nikolaus-Kirche zu stellen. Die reichen Utrechter Bürger legten dort Münzen hinein. Sinterklaas war, wenn man so will, eine Form der Armenfürsorge. Heute freilich ist aus der weihnachtlichen Bescherung im Wesentlichen ein profanes Konsumereignis geworden. Aber der Grundgedanke der Mildtätigkeit ist nach wie vor spürbar: Die Vorweihnachtszeit ist nicht nur die des stärksten Umsatzes im Einzelhandel, sondern auch die spendenreichste Zeit im Jahr.

Sankt Nikolaus steht Pate für die populärste weihnachtliche Figur, den Weihnachtsmann. In Nordamerika kommt diese verwandtschaftliche Beziehung am deutlichsten zum Ausdruck. Dort wird er Santa Claus genannt. In anderen europäischen Ländern heißt er Père Noël (Frankreich), Babo Natale (Italien) oder Julemand (Dänemark). Gemeinsam haben sämtliche Cousins des Weihnachtsmannes, dass sie sich erst im 20. Jahrhundert herausgebildet haben. Der Weihnachtsmann ist durch und durch bürgerlich.

Exkurs   Die Vorbilder des gemütlichen, bärtigen Mannes mit der Zipfelmütze sind alt und stammen zum Teil aus vorchristlicher Zeit. Russland steuerte „Deduschka Moros" bei, das „Väterchen Frost", vermutlich eine slawische Wintergottheit. Die äußerliche Erscheinung des Gottes Odin in der germanischen Mythologie zeigt ebenfalls Parallelen zum Weihnachtsmann.

Alles geplant

Ich durfte heute mit Papa in die Stadt. Er wollte ein Geschenk für Mama kaufen. Ihr Lieblingsparfüm.

„Das machen wir Männer zusammen", sagte er zum mir. „Aber du darfst nicht verraten, was ich Mama unter den Baum lege. Eigentlich ist es ja ein Weihnachtsgeschenk für mich. Mama riecht nämlich so gut mit ihrem Parfüm."

Ich finde, Mama riecht immer gut, besonders, wenn sie mich ins Bett bringt und noch mal mit mir kuschelt. Ich atme sie dann tief ein und kann besser schlafen.

Im Parfümladen sagte Papa den Namen von Mamas Parfüm. Er hatte ihn auf einen Zettel geschrieben. Es war ein komischer Name, die Frau im Laden hat ihn erst nicht verstanden. Aber als sie Papas Zettel las, ist ihr ein Licht aufgegangen. Sie hat den Namen noch mal ausgesprochen, aber anders als Papa, und der wurde ganz rot. Die Frau war auch ziemlich rot, nämlich ihre Lippen und die Fingernägel. Außerdem trug sie so ein kleines rotes Tuch um den Hals. Sie war ganz hübsch und sie duftete enorm. Papa bezahlte Mamas Lieblingsparfüm und die Frau verpackte es sehr schön. Mit Schleife und allem.

„Uff! Das wäre geschafft." Papa schnaufte, als hätte er etwas Schweres erledigt. Er geht halt nicht gerne einkaufen. Aber ich fand, es hatte Spaß gemacht.

Vor dem Parkautomaten standen eine Menge Leute an. Papa zählte das Geld in seinem Portemonnaie. Hinter uns standen zwei Männer, die sich unterhielten.

„Weißt du, was das Wichtigste ist an Weihnachten?", fragte der eine den anderen. „Man muss sich vorbereiten. Man muss alles parat haben, verstehst du?"

Der andere Mann sah nicht so aus, als hätte er das verstanden. „Es ist doch so", erklärte der erste Mann, „dass man in der Adventszeit ständig was zu tun hat. Von dem Geschenkekaufen will ich gar nicht sprechen. Da sind die ganzen Adventsfeiern: in der Schule, im Tennisverein, die Weihnachtsfeier mit den Kollegen. Ist ja alles schön und gut. Aber auch Stress, weil sie plötzlich alle feiern wollen. Und dann muss man noch den Baum besorgen und vielleicht noch neuen Weihnachtsbaumschmuck."

„Bei uns gibt es jedes Jahr den gleichen Weihnachtsbaumschmuck. Schon immer", antwortete der andere Mann. „Das wäre ja noch schöner, wenn ich mir jedes Jahr Gedanken über den Baumschmuck machen müsste! Mal gelb, mal blau, mal Engel, mal Schneeflocken, mal Sterne. Alles Quatsch! Rote Kugeln, Bienenwachskerzen, die Strohsterne, die die Kinder gebastelt haben. Das reicht völlig."

„Das meine ich ja", sagte der erste Mann. „den Arbeitsaufwand möglichst gering halten. Es gibt sowieso mehr als genug zu tun. Was ich früh erledigen kann, erledige ich. Ich hab zum Beispiel die Weihnachtsgans am ersten Adventswochenende gekauft. Jetzt wartet sie in der Tiefkühltruhe auf den zweiten Weihnachtsfeiertag. Und ein paar Weihnachtsgeschenke habe ich schon nach den Sommerferien besorgt."

„Wir essen am zweiten Feiertag immer Hirschgulasch mit Klößen."

„Es gibt eine Menge Sachen an Weihnachten, die immer gleich laufen", sagte der erste Mann.

Das stimmte, fand ich. An Heiligabend liest meine Mutter immer die Weihnachtsgeschichte vor der Bescherung, dann packen wir Geschenke aus und danach essen wir Würstchen mit Kartoffelsalat. Am ersten Weihnachtsfeiertag gehen wir zu Oma und in die Kirche und am zweiten Weihnachtsfeiertag kommen die andere Omi und der andere Opa, also Papas Eltern, zu uns. Opa spielt dann mit mir. Letztes Jahr bekam Papa eine Krawatte geschenkt und Opa hat mir gezeigt, wie man einen schönen Knoten in die Krawatte macht. Das wollte Papa auch unbedingt wissen. Wir haben den ganzen Weihnachtsfeiertag Krawatten geknotet.

„Die Sachen, die immer gleich laufen, kann man so bald wie möglich erledigen", sagte der Mann, der die Weihnachtsgeschenke schon im Sommer kauft. „Es kommt sowieso immer noch was Irreguläres dazu."

„Irreguläres", hörte ich den Papa murmeln. Er schüttelte den Kopf und

sagte noch einmal: „Irreguläres", als hätte der Mann etwas Komisches gesagt. Wir standen jetzt kurz vor dem Parkautomaten. Nur noch eine Frau war vor uns. Sie steckte einen Fünf-Euro-Schein in den Schlitz. Aber der Schein kam immer wieder heraus. Es sah aus, als würde ihr der Automat die Zunge herausstrecken. Die Frau war schon ganz verzweifelt.

„Dauert's noch lange?", rief der Mann, der alles plante. Er war ziemlich ungeduldig.

„Ich kann nichts dafür. Es liegt an diesem Gerät", rief die Frau. „Der nimmt keine Scheine an, dabei ist meiner ganz neu."

Sie winkte zum Beweis mit dem Geldschein über ihrem Kopf.

„Sie müssen eben an Kleingeld denken. Man weiß doch, wie diese Parkhausautomaten sind", antwortete der Mann.

Papa suchte in seinem Portemonnaie nach Münzen.

„Ich kann Ihnen den Fünf-Euro-Schein wechseln, wenn Sie wollen."

„Sehr gerne." Die Frau war ganz erleichtert. Papa und sie tauschten das Geld. Mit den Münzen klappte es.

„Vielen Dank nochmals!", sagte sie zu Papa, als sie mit dem Bezahlen fertig war.

„Gerne geschehen! Man kann eben doch nicht an alles denken", antwortete Papa freundlich.

Als wir im Auto saßen, fragte ich Papa: „Was ist irregulär?"

„Das ist das, was einfach so passiert, ohne dass du es dir vorher überlegt hast. Manchen Leuten ist es ganz wichtig, alles zu überlegen und zu planen, bevor sie etwas machen."

„Mir nicht. Wenn ich mit Lego spiele, überlege ich nie vorher. Ich fange einfach an, etwas zu bauen."

„Leute, die sich vorher alles überlegen, bevor sie's machen, spielen meistens auch nicht gerne", sagte Papa.

„Der Mann vorhin am Parkautomat hatte schlechte Laune."

„Tja, das kommt eben dabei raus, wenn man alles plant. Man hat zwar an alles gedacht. Aber am Ende hat man doch nur schlechte Laune."

Um was es wirklich geht im Advent

Die Adventszeit ist tatsächlich eine Vorbereitungszeit, und Vorbereitung hat immer auch mit Planung zu tun. Allerdings ist Advent eine Vorbereitungszeit, die sich weniger auf die äußeren Umstände bezieht, sondern vielmehr auf eine innere Haltung. Christen bereiten sich im wahrsten Sinn des Wortes auf die Ankunft Jesu vor: „Advent" heißt „er kommt". In dieser Haltung des Glaubens ist Advent eine Zeit der Besinnung und des Erwartens. Das hat Advent mit der Vorosterzeit gemein. Tatsächlich sind beides Fastenzeiten, nur ist das Fasten in der Adventszeit im Gegensatz zur Vorosterzeit praktisch ganz aus dem Bewusstsein der Menschen verschwunden. Fasten bedeutet, dass man einen Schritt zurückgeht, sich in Ruhe mit dem beschäftigen kann, was kommen wird. Dass wir heutzutage im Advent in hektische Betriebsamkeit ausbrechen, widerspricht also ganz und gar dem, um was es eigentlich geht.

Die christliche Adventszeit hat – wie der Toten- bzw. Ewigkeitssonntag – einen mehrdeutigen Charakter. Neben der Vorfreude auf die Ankunft Christi an Weihnachten schwingt die Trauer um sein Leiden und Sterben am Kreuz mit. Zugleich glauben Christen, dass Gott durch Jesu Auferstehung den Tod und alles, was im Schatten des Todes liegt, Schmerz, Leiden, Verzweiflung und Hoffnungslosigkeit, überwindet. Das spiegelt folgender Bibeltext wider, der in der Adventszeit eine große Rolle spielt:

„Er war der Allerverachtetste und Unwerteste, voller Schmerzen und Krankheit. Er war so verachtet, dass man das Angesicht vor ihm verbarg; darum haben wir ihn für nichts geachtet. Fürwahr, er trug unsere Krankheit und lud auf sich unsre Schmerzen. Wir aber hielten ihn für den, der geplagt und von Gott geschlagen und gemartert wäre. Aber er ist um unsrer Missetat willen verwundet und um unsrer Sünde willen zerschlagen. Die Strafe liegt auf ihm, auf dass wir Frieden hätten, und durch seine Wunden sind wir geheilt ..." (Jesaja, Kapitel 53, Verse 3–5).

Diesen Text nahm Georg Friedrich Händel als Grundlage für eine wunderbare Alt-Arie und zwei darauf folgende Chorsätze in seinem grandiosen Oratorium „Der Messias". Es wird häufig während der Adventszeit aufgeführt. Die einzigartige Vorstellung, die den Worten des Propheten Jesaja zugrunde

liegt, nämlich dass sich im Schicksal eines Menschen das Leben aller Menschen wendet, ist das Herzstück des christlichen Glaubens.
Advent ist übrigens keine christliche Neuerung. Die Christen haben vielmehr auf eine antike Sitte zurückgegriffen. Der Advent diente dazu, den römischen Herrscher bzw. dessen Vertreter vor seinem Eintreffen durch Boten anzukündigen, um den Leuten in einer Stadt die Gelegenheit zu geben, sich vorzubereiten, war also eine Art Ritual. Die Christen haben diesen Brauch umgedeutet und auf ihren König bezogen, Jesus von Nazareth.

———

Exkurs   Es gibt nur sehr wenige christliche Festtage ohne vorchristliche Wurzeln. Fast alle haben außerchristliche bzw. heidnische Ursprünge und Bezüge, die man heute noch erkennen kann, etwa das Tannengrün zur Weihnachtszeit oder die Ostereier. Viele behaupten, die frühe Kirche habe heidnische Bezüge aufgriffen und sie einfach christlich „angestrichen". Tatsächlich aber griff die christliche Kirche heidnische Vorgaben bewusst auf, setzte sie in Zusammenhang zum eigenen Glauben und interpretierte sie so neu. Die Menschen der Antike verstanden diese Interpretation sofort. Sie erkannten die vertrauten religiösen Handlungen und Symbole wieder, sahen aber, dass sie auf etwas anderes hinwiesen als auf die ihnen bislang bekannten Gottheiten oder Rituale.

———

Auch der Adventskranz besitzt wie der Weihnachtsbaum eine vorchristliche Wurzel, nämlich die Verehrung immergrüner Bäume bei den Germanen. Doch in seiner heutigen Form ist er noch nicht einmal 200 Jahre alt. Im Rauhen Haus zu Hamburg, einem christlichen Waisenhaus, schmückte man ein Wagenrad mit Tannengrün und Kerzen, und am 1. Advent 1839 entzündete der Leiter des Rauhen Hauses, Pfarrer Johann Hinrich Wichern, zum ersten Mal eine Adventskerze. Damals nahm man allerdings nicht nur vier Kerzen für die vier Adventssonntage, sondern eine Kerze für jeden Tag im Advent. Je heller der Kranz erstrahlte, desto augenfälliger wurde, auf was der Kranz hinwies: auf das Kommen von Christus, dem Licht der Welt. Man kann sich leicht vorstellen, wie die Bewohner des Rauhen Hauses empfunden haben: Jeden Tag wurde die christliche Hoffnung sichtbarer und heller.

Anfang des 20. Jahrhunderts fand der Adventskranz seinen Weg in die Wohnstuben, allerdings reduziert auf die vier Kerzen der Adventssonntage, denn 24 Kerzen passten nicht auf einen kleinen Kranz für eine normale Wohnstube und das Ganze wäre zu heiß geworden. In Deutschland gehört er zum adventlichen Mobiliar, aber auch in anderen Ländern, z. B. in Norwegen oder Irland, stößt man auf ihn.

Die Lichtsymbolik steht im Mittelpunkt des Adventskranzes. Er beschreibt einen leuchtenden Kreis um einen bestimmten Zeitraum und kommt ohne Zugaben aus: Es werden keine süßen Versprechungen gemacht oder Geschenkeerwartungen geweckt. Das macht ihn zu einem der sympathischsten weihnachtlichen Sinnbilder.

Die Farbe der Adventszeit ist **Violett**.

Violett steht für Umkehr und Sinnesänderung. Im Kirchenjahr* ist es auch die Farbe der Trauer. Advent und Passion werden, da sie beides Fastenzeiten sind, durch diese Farbe gekennzeichnet. Das Kommen Jesu in die Welt, sein Menschwerden, steht im Zusammenhang mit seinem Sterben am Kreuz. Aus diesem Grund wird für Advent die gleiche liturgische Farbe verwendet wie für die Passionszeit.

Die Weihnachtsoma

„Man muss eben improvisieren." Oma war sehr zufrieden mit sich. Sie saß am Küchentisch vor einer Tasse Kakao und trug noch die rote Zipfelmütze. Ich hatte nicht gewusst, was „improvisieren" bedeutet. Bis heute. Denn Oma hat improvisiert und es war großartig!

Es war nämlich so, dass wir nach der Schule beim Mittagessen saßen, Oma, Mama, Nele und ich. Oma war bei uns zu Besuch, weil heute im Turn- und Sportverein die Weihnachtsfeier stattfand. Ich bin in der Leichtathletik- gruppe ab elf Jahren. Wir saßen gerade bei Zwetschgenknödeln mit Kompott und Vanillesoße, von Oma zubereitet, als das Telefon klingelte. Mama nahm ab, sagte eine Weile nichts und machte dann ein ernstes Gesicht.

„Wirklich, das ist Pech!", sagte sie. „Und es gibt keinen anderen, der das machen könnte? Nein, mir fällt auch niemand ein. Aber ich verspreche Ih- nen, mich umzuhören. Das wäre ja wirklich sehr schade. Es ist eine so nette Veranstaltung und Paul freut sich schon darauf. Wenn mir jemand einfällt, rufe ich Sie sofort zurück. Auf Wiederhören!"

Sie kam an den Tisch zurück.

„Der Weihnachtsmann liegt im Krankenhaus. Hat sich beim Reckauf- schwung die Schulter verletzt."

„Er hat *was* gemacht?" Oma war verblüfft.

„Der Mann von Frau Feudel, die grade angerufen hat, spielt bei der Weih- nachtsfeier immer den Weihnachtsmann. Normalerweise trainiert er im Ver- ein die Sechs- bis Zehnjährigen. Gestern ist er beim Training abgerutscht und auf die Schulter gefallen. Er liegt im Krankenhaus und kann deshalb heute nicht als Weihnachtsmann auftreten. Sie hat mich gefragt, ob ich einen Ersatzmann kennen würde. Mir fiel keiner ein und die anderen, die sie ange- rufen hat, hatten auch keine Idee. Jetzt fürchtet sie, die Weihnachtsfeier ver- schieben zu müssen."

Ich war enttäuscht, denn wir hatten in der Leichtathletikgruppe extra für die Weihnachtsfeier etwas vorbereitet. Die Turner machen Bodenturnen und Pferdsprung, ein paar von den älteren, die schon auf Wettkämpfe gehen, führen eine Kür am Stufenbarren vor, und wir von den Leichtathletikkindern machen ein Zirkeltraining. Wenn alle mit ihren Vorführungen durch sind, setzen wir uns auf den Boden und der Weihnachtsmann kommt, also normalerweise Herr Feudel. Er trägt ein Weihnachtsmannkostüm, einen Bart, einen schweren Sack und alles, was sonst noch dazugehört. Nur Stiefel hat er keine an, denn die Turnhalle darf man nicht mit Straßenschuhen betreten, sonst geht der Boden kaputt. Deswegen kommt der Weihnachtsmann in Joggingschuhen zu uns.

„Der Weihnachtsmann hat sich beim Turnen die Schulter verletzt", überlegte Oma. „Eine ernste Sache! Aber es gibt eine Lösung. Man muss improvisieren."

Mama sah Oma neugierig an. „Du kennst jemanden, der für Herrn Feudel einspringen kann?"

„Das könnte man so sagen. Auf jeden Fall habe ich eine Idee", antwortete Oma und ging mit Mama in den Flur, um ihr den Plan zu erklären. Er schien Mama zu gefallen, denn sie lachte und rief begeistert:

„Sehr gut! Ich telefoniere gleich mit Frau Feudel."

„Was ist das für eine Idee?", fragte ich Oma.

„Eine Überraschung", erwiderte Oma. „Du wirst schon sehen. Aber es wird dir gefallen und die Weihnachtsfeier findet auf jeden Fall statt." Mehr war nicht aus ihr herauszukriegen.

Nach den Hausaufgaben war es Zeit, sich für die Weihnachtsfeier fertigzumachen und zur Sporthalle zu gehen.

Vor der Halle traf ich Serkan. „Hast du es mitbekommen? Herr Feudel liegt im Krankenhaus", sagte er ganz aufgeregt. „Frau Feudel hat angerufen und gefragt, ob mein Vater den Weihnachtsmann spielen könnte. Aber mein Vater ist auf Geschäftsreise und mein großer Bruder wollte es auf keinen Fall machen. Er ist in sein Zimmer gegangen und hat die Tür abgeschlossen. Ich meine, das macht er sowieso, aber diesmal war es klar, dass er es machte, um nicht den Weihnachtsmann geben zu müssen. Meine Mutter stand vor seinem Zimmer und versuchte ihn zu überreden. Nazim rief immer nur ‚Yok!

Yok!', das heißt „Nein!" auf Türkisch. Er klang ziemlich verzweifelt. Mann, hab ich gelacht!"

„Wir brauchen deinen Bruder nicht. Meine Oma und meine Mama haben einen Plan. Sie improvisieren", informierte ich Serkan.

„Häh?"

„Lass dich überraschen!" Ich tat so, als wüsste ich Bescheid. Dann zogen wir uns um. Jeder von uns trug ein T-Shirt mit der Aufschrift vom Turn- und Sportverein, damit wir gleich aussahen. Zuerst kamen die Turner, dann waren wir dran. Wir machten unser Zirkeltraining, während Musik aus dem Lautsprecher kam. Die Eltern standen in Socken am Rand, klatschten und feuerten uns an. An den Weihnachtsmann dachte ich gar nicht mehr. Er fiel mir erst wieder ein, als Frau Feudel uns bat, die Geräte wegzuräumen und uns auf den Boden zu setzen. Dann räusperte sie sich:

„Jetzt ist der Moment gekommen, wo ihr wie jedes Jahr etwas vom Weihnachtsmann bekommt. Die Bescherung dieses Jahr ist ein besonderes Ereignis, denn der Weihnachtsmann kann leider nicht selbst dabei sein." Frau Feudel tat immer so, als ob wir alle an den Weihnachtsmann glaubten und nicht wüssten, dass es der Herr Feudel war. Serkan und ich jedenfalls haben das gleich herausgekriegt, denn der Weihnachtsmann und Herr Feudel tragen die gleichen Sportschuhe.

Ich suchte nach Mama, Nele und Oma. Mama und Nele fand ich. Mama trug Nele auf dem Arm, damit sie besser sehen konnte. Doch Oma war nicht bei ihnen. Da öffnete sich die Hallentür und wir machten alle große Augen.

„Guten Abend!", sagte Oma. Sie hatte den roten Mantel an, die Mütze auf und feine Schuhe an den Füßen. Einen Bart trug sie nicht. Den hatte sie sich unter die Mütze gesteckt. Es sah aus, als ob unter dem Mützenrand schneeweiße Locken hervorschauten.

„Guten Abend!", rief sie noch einmal. „Der Weihnachtsmann kann heute nicht persönlich kommen. Er hat viel zu tun und ist erkältet. Ich habe noch zu ihm gesagt: ‚Sieh zu, dass du deinen Schal nicht vergisst.' Das Wichtigste ist nämlich, dass man den Kopf immer warmhält, wenn es draußen kalt ist. Aber dann sah ich, dass er ihn doch vergessen hatte, und Schwupps! Nun hat er einen Schnupfen." Oma schüttelte den Kopf, wie sie es immer tut, wenn sie sich über einen Unsinn ärgert. „Normalerweise kümmere ich mich um die Geschenke und er verteilt sie dann. Aber dieses Jahr vertrete ich ihn. Ich bin schließlich seine Frau."

„Der Weihnachtsmann hat eine Frau?", piepste einer von den Sechsjährigen.

„Selbstverständlich hat er eine Frau. Und du, hast du einen Schal?", fragte meine Oma.

„Ja, liegt in der Umkleide", antwortete der Knirps.

„Sehr gut", lobte die Oma. „Vergiss ihn nicht!"

Serkan hielt sich die Hand vor den Mund, um nicht loszulachen.

„Jetzt schauen wir, was ich für euch dabei habe." Oma öffnete den Sack und begann jedem ein Geschenk zu geben. Ein bisschen was Süßes, eine Orange, eine Dynamo-Taschenlampe zum Selberaufladen und einen Gutschein für den Weihnachtsfilm im kommunalen Kino. Oma sagte zu jedem Kind etwas Freundliches und erklärte, wie wichtig Vitamin C in Orangen wären, wenn es kalt war. Als sie mir mein Geschenk gab, verzog sie keine Miene und ich auch nicht.

„Wahnsinn!", sagte Serkan später in der Umkleide. „Wenn deine Oma die Frau vom Weihnachtsmann ist, dann ist der Weihnachtsmann dein Opa. Sie ist echt stark, deine Oma."

Ich zuckte mit den Schultern, als wäre es völlig normal, eine solche Oma zu haben. Mama und Nele warteten auf mich. Oma war bereits daheim.

„Sie macht schon mal Kakao für uns", sagte Mama. Omas Kakao ist grandios, weil sie richtige Schokolade in die heiße Milch tut und schmelzen lässt.

„Serkan hat gesagt, die Oma ist stark", erzählte ich Mama.

„Da hat er absolut recht", antwortete Mama. „Frau Feudel hat ein Video von der Weihnachtsoma gemacht und zeigt es ihrem Mann, wenn sie ihn im Krankenhaus besucht."

Daheim wartete Oma schon am Küchentisch mit den Kakaotassen.

„Hast du nun verstanden, was ‚improvisieren' bedeutet?", fragte sie mich.

Ich löffelte die geschmolzene, süße Schokolade aus meiner Tasse.

„Die Leute mit einer Weihnachtsoma überraschen, wenn sie auf den Weihnachtsmann warten", antwortete ich.

Weihnachten – ein Fest mit uralten Wurzeln

Je kälter und dunkler es draußen wird, desto größere Bedeutung nimmt das Licht an. Weihnachten wird als Fest der Feste betrachtet, weil das Licht eine so große Rolle spielt. Schon immer, also auch schon, bevor das Christentum in Europa Einzug hielt, spielte das Licht in der düsteren Spätherbst- und Winterzeit eine wesentliche Rolle. Die christliche Lichtsymbolik verband sich mit altem, vorchristlichem Brauchtum. Germanischen Ursprungs beispielsweise ist das skandinavische St.-Lucia-Fest am 13. Dezember, bei dem junge Mädchen Kronen aus leuchtenden Kerzen tragen.

Exkurs Das St. Lucia-Fest gründet sich in einer alten Sonnenwendfeier. Besonders in Schweden ist es sehr populär.

Auch Tannenbaum und Adventskranz gehen auf alte germanische Bräuche zurück: Die immergrüne Weißtanne galt den Germanen als Symbol, sich den lebenswidrigen Verhältnissen des Winters entgegenzustellen, weswegen sie zur Wintersonnenwende aufgestellt wurde. Überhaupt hatten die Germanen ein Faible für Bäume und Zweige, denn sie verkörperten die Urkräfte des Lebens. In Tannengrün und Barbarazweig überdauerte diese Vorstellung. Auch die heilige Hildegard von Bingen spricht, eine heidnische Sitte aufgreifend, von der Heilwirkung des Tannenholzes. Sie glaubte, dass die bösen Geister Tannen verabscheuten.

Der erste schriftlich erwähnte Weihnachtsbaum freilich ist vergleichsweise jung. 1539 stand ein geschmückter Weihnachtsbaum im evangelischen* Straßburger Münster, allerdings noch nicht mit Kerzen versehen. Wer warum auf diese Idee kam, ist nicht genau überliefert. Die Sitte, Tannenbäume aufzustellen, verbreitete sich unter Protestanten schneller als unter Katholiken. Der Christbaum galt als protestantisches* Gegensymbol zur katholischen* Weihnachtskrippe. Die Krippe selbst geht auf die alte christliche Tradition des Weihnachtsspiels zurück. Es erzählte nicht nur die Weihnachtsgeschichte nach, sondern die ganze Heilsgeschichte vom Sündenfall an. Das Krippenspiel etablierte sich schließlich als eigenständige Aufführung. Während das Krippenspiel in der Gemeinde gefeiert wurde, wurde der Weihnachtsbaum Bestandteil der familiären Weihnachtsfeier. Im 18. Jahrhundert wurde er erstmals in der Neuen Welt aufgerichtet. Hessische Soldaten, die für die englische Armee in den Kolonien kämpften, und Siedler aus Neu-England schmückten ihn zur Weihnachtszeit. Ein Deutscher war es auch, der den Briten den Weihnachtsbaum schmackhaft machte: Prinz Albert von Sachsen-Coburg-Gotha, Ehemann von Königin Victoria von Großbritannien, brachte die geschmückte Tanne nach Windsor und fortan begeisterten sich die Briten für diesen deutschen Weihnachtsbrauch.

Mit der eigentlichen Weihnachtsgeschichte haben diese Traditionen zum Teil nicht sehr viel zu tun. Allerdings ist das Datum des Weihnachtsfestes auch nicht authentisch. Es bezeichnet nicht den tatsächlichen Geburtstag Jesu von Nazareth, sondern geht auf die Gepflogenheit in der römischen Antike zurück, dem Sol invictus, dem unbesiegten Sonnengott, an diesem Tag zu huldigen. Die ersten Christen übernahmen dieses Datum, um zu zeigen, dass die Geburt des himmlischen Messias den römischen Sonnengott übertraf.

Ob christliche Deutung oder vorchristliche Wurzel, allem gemeinsam ist, dass das Lebenssymbol „Licht" im Mittelpunkt steht. Alles in der Schöpfung ist auf das Licht angewiesen, wird von ihm angezogen und belebt. An Weihnachten feiern Christen, dass Jesus, dass das „Licht in die Welt gekommen ist", wie es das Johannesevangelium* ausdrückt (Johannesevangelium, Kapitel 1, Vers 11). Er wurde „eingeboren". Dieser ungewöhnliche Ausdruck meint, dass in Jesus Gott, der Schöpfer des Universums, Teil seiner eigenen Schöpfung wurde. Er wurde Mensch, legte alles Göttliche ab und teilte das Schicksal eines menschlichen Lebens. Diese Interpretation stand im Widerspruch zu Glaubensvorstellungen in der antiken Welt, wonach Götter durchaus auf die Erde kommen konnten, ihre Göttlichkeit dadurch aber nicht verloren.

Exkurs   Der erste Teil des Wortes, „weih", ist ein Synonym für „heilig". Heilige Nacht oder Weihnachten entsprechen einander. Es handelt sich dabei um eine direkte Übersetzung des lateinischen Begriffes „nox sancta", der aus der Christmette stammt. Manche Forscher nehmen an, dass es, ähnlich wie im Falle von Ostern, bereits in germanisch-heidnischer Zeit geweihte Nächte gab und dass das Christentum den Begriff übernahm.

Die liturgische Farbe für Weihnachten ist **Weiß,** die Farbe des Lichtes. Licht durchdringt die Dunkelheit, beendet die Finsternis und spendet Leben. Praktisch kein Leben kann ohne Licht existieren. Gelegentlich wird Weiß auch durch Gold oder Silber ersetzt, um den festlichen Charakter zu betonen.

Dass man gemeinhin das Weihnachtsfest für das bedeutendste christliche Fest hält, hängt damit zusammen, dass es der Tag der Gaben und Geschenke ist. Der ursprüngliche Gabentag war, wie bereits erwähnt, Sankt Nikolaus, doch im Lauf der Zeit verlagerte sich dieser Brauch unter dem Einfluss der Reformation vom 6. auf den 24./25. Dezember. Möglicherweise liegt die Tradition, am Ende des Jahres Geschenke zu verteilen, aber sogar noch weiter zurück: In Rom war es üblich, Untergebene und Sklaven in dieser Zeit zu beschenken. Eine dritte Version schließlich sieht in den Geschenken, die unter dem Weihnachtsbaum liegen, Sinnbilder der ersten Weihnachtsgaben, Gold, Weihrauch und Myrrhe. Sie wurden dem neugeborenen Jesuskind von den drei Königen aus dem Morgenland dargebracht (Matthäusevangelium, Kapitel 2, Vers 11). Diese Deutung spielt in der orthodoxen* Kirche eine große Rolle. Deshalb wird Weihnachten dort am Dreikönigs- bzw. Epiphaniastag, dem 6. Januar, gefeiert.

Vom Standpunkt des Glaubens gesehen ist hingegen Ostern das bedeutendste Fest im Jahreskreis, nicht Weihnachten. Das sieht man schon allein daran, dass die Weihnachtsgeschichte, also die Geburtsgeschichte Jesu, nur bei Matthäus und Lukas erzählt wird, in den Evangelien des Markus und Johannes aber fehlt. Die Geschichte, die an Weihnachten beginnt, wird an Ostern vollendet. Die Geburt Jesu und seine Auferstehung bilden eine Einheit. Dass beide Feste zusammengehören, wird auch durch die liturgischen Farben deutlich. Wie an Weihnachten wird auch an Ostern der Altar in Weiß geschmückt.

Heutzutage freilich spielt das christliche Verständnis des Weihnachtsfestes nur noch eine geringe Bedeutung. Ein wesentlicher Grund dafür ist der Rückgang der religiösen Bindungen. Immer mehr Menschen in Deutschland entziehen sich den Kirchen. Die Kirchen selbst haben sich, mögen sie auch die großen gesellschaftlichen Themen kommentieren, vom alltäglichen Leben des Einzelnen entfernt. Das Wissen um die christlichen Bezüge ist, wenn überhaupt, nur noch bruchstückhaft vorhanden.

Der Brauch, Weihnachten zum Fest der Geschenke zu machen, hat sich von seinen Ursprüngen gelöst und verselbstständigt. Natürlich ist es eine einzigartige und schöne Sitte. Doch wenn man deren Wurzeln nicht versteht, ist es, als ob man den goldenen Rahmen eines leeren Bildes bewundert. So ist es kaum verwunderlich, dass immer mehr Menschen sich vom Geschenkedruck und Konsumüberangebot bedrängt und gestresst fühlen. Mittlerweile, so der evangelische Pressedienst, stört es eine deutliche Mehrheit der Deutschen, dass bereits im September Weihnachtsartikel in Supermärkten angeboten werden. Selbst ein goldener Rahmen wird stumpf, wenn man nur einen gehetzten Blick auf ihn werfen kann.

Januar

Das Erscheinungsfest „Epiphanias"

Der unbekannte Festtag:

Was das Fest am sechsten Januar mit Geburt, Taufe und Segen zu tun hat.

Von der bedeutsamen Erscheinung einer Taufe zum Erscheinen der

Sternsinger heute.

Sterngucker

An Heiligabend schneite es nicht. An Silvester lag nur ein bisschen nasser, matschiger Schnee. Dann wurde es kälter, aber es fiel immer noch kein Schnee. Nur manchmal wehte der Wind ein paar Flocken her. Aber die waren ganz fein. Sie blieben einen Augenblick auf meiner Hand liegen, wenn ich sie fing, dann verwandelten sie sich in ein winziges Tröpfchen. Ich war ein bisschen enttäuscht, dass es immer noch keinen Schnee gab. Diese schöne Art Schnee, die Straßen, Gehwege, Gärten und Dächer deckt, Schnee, mit dem man aus Schneebällen dicke Kugeln rollen kann. Doch eine Woche nach Silvester wurde der Himmel mit einem Mal ganz weiß und endlich ging es los. Es schneite den ganzen Tag ununterbrochen, und zwar den besten Schnee, den man sich vorstellen kann.

Wir trafen uns auf der Fußballwiese neben dem kleinen Park, Serkan, ich und Jakob aus unserer Klasse. Jakob hatte eine Schneeschaufel mitgebracht, weil wir ein Iglu bauen wollten. Ich weiß ja nicht, wie die Eskimos das hinkriegen. Als es dunkel wurde, hatten wir nichts als einen Haufen mit einem Loch statt eines Dachs. Es war allerdings ein großer Haufen. Schließlich legten wir uns auf den Boden, dort wo der Schnee noch frisch war, und machten Schneeengel.

„Wir können das Dach auch morgen bauen", schlug Serkan vor.

„Wenn es in der Nacht schneit, brauchen wir's nicht mehr extra zu bauen, weil dann überall Schnee ist", sagte ich. „Wir brauchen bloß den Schnee auf dem Haufen festzuklopfen, dann können wir eine Höhle hineingraben."

„Ich schätze, so machen es die Eskimos nicht", meinte Jakob. „Sie haben bestimmt einen speziellen Iglu-Trick oder Iglu-Werkzeug."

Wir lagen immer noch im Schnee und sahen zum Himmel hinauf. „Was ist das für ein Stern", fragte Serkan und zeigte, welchen er meinte. Es hatte aufgehört zu schneien. Die Wolken waren verschwunden, als müssten sie sich einen Augenblick ausruhen, um dann wieder loszuziehen. Der Himmel war ganz klar geworden und schimmerte dunkelblau. Der Stern, auf den Serkan zeigte, leuchtete hell wie ein fernes Licht.

Ich zuckte mit den Schultern, sodass mein Engel eine Beule in die Flügel bekam. „Hübsch ist er ja, aber ich habe keine Ahnung, was das für ein Stern ist."

„Früher wärst du ganz schön aufgeschmissen gewesen, als die Leute noch keine Landkarten und Kompost und so hatten. Sie fanden nämlich den Weg, indem sie nach den Sternen schauten", erklärte Serkan und vergaß dabei, dass er es auch nicht besser wusste.

Wir betrachteten den Himmel. Neben dem Stern begann ein kleines Licht zu blinken.

„Ich glaube, Kompost ist nicht das richtige Wort." Jakob überlegte.

„Wow! Dieser Stern bewegt sich", rief ich. „Das ist eine Sternschnuppe."

„Das ist ein Flugzeug. Du weißt echt nicht Bescheid!", sagte Serkan.

„Es heißt ‚Kompass' und nicht ‚Kompost', ich bin mir ganz sicher." Jakob war fertig mit dem Überlegen.

„Egal wie's heißt, sie hatten beides nicht. Nur die Sterne, um den Weg zu finden", erwiderte Serkan.

„Wen meinst du eigentlich mit ‚sie'?", fragte ich ihn.

„Na, die Heiligen Drei Könige. Sie kamen aus dem Mohrenland und fanden das Jesusbaby, weil sie diesem großen Stern folgten."

„Sie kamen aus dem ‚Morgenland'", sagte Jakob. „Das Morgenland ist im Osten, weil da die Sonne aufgeht."

„Streber", sagte Serkan.

„Warum sollten sie sich mit Sternen überhaupt auskennen?", fragte ich.

„In Religion habe ich gehört, dass es gar keine Könige waren, sondern so etwas wie Wissenschaftler. Deshalb haben sie gewusst, dass das mit dem Stern etwas Besonderes ist. Und sie waren ziemlich reich. Einer von ihnen hat Maria und Joseph Gold für das Jesuskind geschenkt. Wahrscheinlich haben sie sie deshalb für Könige gehalten", erklärte Jakob.

„Ich finde, sie hätten ihnen etwas schenken sollen, das Maria und Joseph hätten brauchen können. Nichts gegen Gold. Aber ein Kamel oder Windeln wären nützlicher gewesen für das Baby", gab ich zu bedenken.

„Oder etwas zu essen. Ich habe Hunger." Serkan suchte in seinen Taschen. Er hat immer einen kleinen Snack dabei. Bevor wir anfingen, das Iglu zu bauen, hatte er ein Mars mit uns geteilt. Jeder durfte einmal beißen. „Ich habe auch Hunger. Heute Abend gibt es bei uns Pizza." Jakob setzte sich in seinem Engel auf und klopfte sich den Schnee aus der Jacke. „Dieser Stern ist wie ein Leuchtturm im Himmel." Ich kniff die Augen zusammen, als könnte ich ihn dann besser sehen. „Die drei Wissenschaftler aus dem Morgenland haben das Licht gesehen und sind darauf zugewandert. Wie ein Schiff auf dem Meer."

„Pizza ist lecker. Mein Vater macht so etwas Ähnliches auf Türkisch. Es heißt Lahmacun." Serkan setzte sich ebenfalls auf, nachdem er in seinen Taschen nichts zu Futtern gefunden hatte.

„Was ist das jetzt für ein Stern?" Offenbar war ich der Einzige, der sich noch für etwas anderes als Essen interessierte.

„Wer will das wissen, wenn es daheim Pizza gibt?", fragte Jakob, der Streber.

„Genau!", rief Serkan, und beide lachten, als hätten sie einen großartigen Witz vom Stapel gelassen. Jakob stand auf und holte die Schaufel, Serkan lief ihm hinterher.

Ich trat vorsichtig aus meinem Schneeengel, um ihn nicht weiter auszubeulen, und ging den beiden nach. Daheim lag unter einem Stapel von Kochbüchern ein alter Atlas. Ich habe bisher nur selten darin geblättert, weil Länder und Meere nicht so mein Ding sind. Aber auf den letzten Seiten gab es Bilder vom Mond und vom Nachthimmel mit allen Sternbildern. Dort wollte ich nachschauen, wie der Stern über mir hieß. Vielleicht war es ja derselbe, der über Bethlehem schien.

„Vielleicht ist es der Stern von Bethlehem", rief ich. Die beiden antworteten nicht. Das ärgerte mich ein bisschen. „Ich wäre vielleicht aufgeschmissen gewesen, wenn ich den Weg nach den Sternen hätte finden sollen. Aber euch hätten sie sowieso nur bis zur nächsten Pizzeria geführt."

Im nächsten Augenblick schaufelte Jakob mir eine Ladung Schnee über den Kopf. Von wegen Streber!

Das Erscheinungsfest „Epiphanias" –
der unbekannte Festtag

Das Erscheinungsfest ist hierzulande nicht sehr bekannt, das unterscheidet uns von den orthodoxen* Kirchen. Das hat verschiedene Gründe. Doch wie kommt das Erscheinungsfest überhaupt zu seinem Namen? Das griechische Wort „Epiphanias" heißt „Erscheinung". Am Epiphaniastag, dem 6. Januar, wird der Taufe Jesu im Jordan gedacht. Eine Taufe, so wie Christen sie kennen, gab es zur Zeit Jesu nicht. Vielmehr vollzogen gläubige Juden ein Tauchbad, um sich von ihren Sünden symbolisch zu reinigen. Dieses Tauchbad ist der Ursprung der christlichen Taufe. In der Zeit Jesu gab es in Judäa einen Propheten namens Johannes, der den Beinamen „der Täufer" trug. Er lebte am Ufer des Jordans und unterzog diejenigen, die zu ihm kamen, jenem Reinigungsbad. Johannes war berühmt in Palästina, weil er sein Leben ganz und gar auf Gott ausrichtete. Seine Ausstrahlung zog Menschen aus allen Schichten und allen Landesteilen an. Die Gottesherrschaft war in der Zeit Jesu und Johannes ein gängiger Begriff unter den Juden. Israel war aufgeteilt in römische Provinzen, das Volk Israel, die Juden, in aller Herren Länder zerstreut und der Glaube an den Gott Israels besaß kaum Bedeutung gegenüber den zahlreichen Religionen der Antike. Die Vision von der Gottesherrschaft besagte, dass Israel wieder eins würde und der Gott Israels wieder Herr des Landes. Johannes glaubte, dass die Herrschaft Gottes aber erst dann aufgerichtet würde, wenn das Volk Israel sich von seiner Schuld gereinigt hätte und sich aufrichtig zu Gott bekennen würde.

Im Alter von etwa 30 Jahren, so berichtet die Bibel, wanderte Jesus von Galiläa an den Jordan zu Johannes, um sich taufen zu lassen. Als er untertauchte, erschien der Geist Gottes in Form einer Taube – deshalb ist die Taube das Symbol für den Heiligen Geist in unseren Kirchen. Eine Stimme sagte: „Dies ist mein geliebter Sohn, an dem ich Wohlgefallen habe." Das sprach sich herum und ab da hatten Jesu Predigten bei den Menschen in den Provinzen Palästinas eine große Bedeutung.

Exkurs Die bulgarisch-orthodoxe Kirche bezieht sich besonders deutlich auf die Taufe Jesu. Der 6. Januar heißt dort auch „Jordanstag". Es ist Brauch, dass der Priester ein hölzernes Kreuz in ein Gewässer wirft, das anschließend von jungen Männern wieder ans Ufer gebracht wird. Auf diese Weise wird einerseits an die Taufe Jesu erinnert und andererseits das Gewässer geheiligt, in das das Kreuz geworfen wurde.

Für die gesamten orthodoxen Ostkirchen ist der 6. Januar neben Ostern der wichtigste Tag im Kirchenjahr*. Dann wird dort das Weihnachtsfest begangen. Das hängt mit der unterschiedlichen Kalenderzählweise der Kirchenfeste im Westen und im Osten zusammen. In den Ostkirchen gilt nach wie vor der julianische Kalender, so genannt nach Julius Caesar, der ihn einführte. Im Westen gilt seit dem 16. Jahrhundert der gregorianische Kalender, benannt nach Papst Gregor XIII., der ihn durch einen päpstlichen Erlass (Bulle) im Jahr 1582 offiziell verordnete. Grund für die Kalenderreform war, dass der unflexible julianische Kalender sich im Lauf der Jahrhunderte immer mehr vom Sonnenjahr unterschied, heute sind es bereits 13 Tage. Der gregorianische Kalender ist dem Sonnenjahr besser angepasst. Aus diesen unterschiedlichen Kalendern folgt die Doppeldatierung des Weihnachtsfestes. Der ältere julianische Kalender zählt den 6. Januar als Geburtstag Jesu, der jüngere gregorianische den 25. Dezember.

In unseren Breiten ist Epiphanias eher unter seinem zweiten Namen bekannt: Heilige Drei Könige oder Dreikönigstag. Dieser Name geht auf den Bericht im Matthäusevangelium zurück, dass drei hochrangige Persönlichkeiten aus dem Morgenland den neugeborenen König Israels suchten, um ihn zu ehren. Im Matthäusevangelium ist die Rede von „Weisen", also sternkundigen Gelehrten, die vermutlich aus Persien, einem Gebiet östlich von Palästina, kamen. Die Legende hat aus den drei Weisen Könige werden lassen. Die Weisen vermuteten den neuen König logischerweise zunächst im Palast des Herrschers Herodes in Jerusalem. Am Hofe erfuhren sie dann, dass nicht die Hauptstadt, sondern der Ort Bethlehem in der Nähe von Jerusalem gemeint war. Dort, in einer einfachen Herberge, also an einem Ort, der weniger unangemessen für einen König nicht sein konnte, fanden sie ihn und überreichten ihre Ehrengeschenke: Gold, wertvolles Weihrauch-Harz und Myrrhe, ebenfalls ein kostbares Duftharz.

In der katholischen* Kirche gedenkt man an Epiphanias der Heiligen Drei Könige (eine ausführliche Erklärung zum Brauchtum an diesem Tag finden Sie im Beitrag „Katholische Feiertage für Evangelische" am Ende des Buches). Die Überlieferung hat ihnen auch drei Namen zugedacht: Caspar, Melchior und Balthasar. Die Zahl Drei hängt vermutlich mit den drei Geschenken zusammen, die Jesus überbracht wurden. Überhaupt hat sich im Zusammenhang mit den Weisen im Lauf der Zeit Einiges an Symbolik entwickelt: Balthasar wird oft als Greis, Melchior als Mann mittleren Alters und Caspar als junger Mann dargestellt, was auf die Lebensalter verweist. Außerdem ist Caspar traditionell dunkelhäutig. Er vertritt den Erdteil Afrika, Balthasar Asien und Melchior Europa – die drei in der Antike bekannten Kontinente. Damit soll gesagt werden, dass sich Menschen aus aller Herren Länder einfanden, um Christus zu ehren.

Bekannt sind hierzulande auch die Sternsinger, verkleidet als die drei Könige. Sie gehen ab dem 6. Januar von Haus zu Haus und sammeln Spenden für karitative Zwecke. Dabei ist es üblich, dass sie die Anfangsbuchstaben ihrer Namen mit Kreide auf den Türrahmen schreiben, C M B, dann folgt die Jahreszahl. Hinter dieser Abkürzung verbirgt sich der lateinische Satz „Christus mansionem benedicat" („Christus segnet das Haus"). In der katholischen Tradition wurden aus Caspar, Melchior und Balthasar Heilige. Ihre Reliquien werden im Dreikönigsschrein des Kölner Doms aufbewahrt.

Weil die protestantischen* Kirchen die Heiligenverehrung ablehnen, spielt der Dreikönigstag bzw. Epiphanias in Gegend mit überwiegend protestantischer Bevölkerung keine Rolle als eigenständiger Festtag. Das trägt wesentlich dazu bei, dass das Erscheinungsfest in vielen Bundesländern unbekannt ist.

Epiphanias nimmt Bezug sowohl auf die Geburt Jesu als auch auf die Taufe. Die Umstände der Geburt Jesu sind ohne seine Berufung nicht zu verstehen. Nicht ein „göttlicher" Stand oder eine entsprechende Herkunft lassen ihn den werden, der er ist, sondern die Berufung durch Gott, die rund 30 Jahre später durch die Taufe bekräftigt wird.

Ein alter urchristlicher Lobpreis besingt den Weg, den Jesus nahm. Paulus* hat ihn in seinem Brief an die Philipper-Gemeinde zitiert:

„Er, der von göttlicher Gestalt war, hielt nicht daran fest, gottgleich zu sein.

Sondern er entäußerte sich und wurde wie ein Sklave den Menschen gleich.

Sein Leben war das eines Menschen.

Er erniedrigte sich selbst, er war gehorsam bis in den Tod, ja, bis zum Tod am Kreuz.

Darum hat ihn Gott über alle erhöht und ihm den Namen verliehen,

der größer ist als alle Namen,

damit alle im Himmel, auf der Erde und unter der Erde ihre Knie beugen vor dem Namen Jesu und jeder Mund bekennt: ‚Jesus Christus ist der Herr' – zur Ehre Gottes, des Vaters" (Philipperbrief, Kapitel 2, Vers 6–11).

Das Datum, der 6. Januar, bezeichnet kein tatsächlich historisches Datum. Wie der 25. Dezember war auch dieser Tag ursprünglich einer Gottheit gewidmet. Es war der Geburtstag des Sonnengottes Aion, dessen Kult in der ägyptischen Metropole Alexandria eine große Rolle spielte. Die frühen Christen in Ägypten übernahmen Datum und Fest und deuteten es von Grund auf um. Sie verknüpften die Geburt Jesu mit seinem Leben und dem Evangelium*, also der Frohen Botschaft, die er nach seiner Taufe zu verbreiten begann. Diese Deutung war unerhört für die Antike, weil als Herrscher nur Menschen göttlicher Herkunft infrage kamen, Heroen, also Menschen mit göttergleichen Kräften, oder – wie im Falle des Aion – Götter. Im Umkehrschluss war man in Ägypten, China und Japan der Überzeugung, Könige seien von göttlicher Herkunft; für manche Menschen in Japan gilt das bis heute. Dass die göttliche Erscheinung zugunsten des Menschseins ganz in den Hintergrund trat, dass Gott *den Menschen gleich wurde*, war für die Antike schlicht undenkbar. Mit fatalen Folgen für die ersten Christen: Weil ihr Glaube sich grundsätzlich von den bekannten Religionen unterschied, galten sie als „Atheisten", als Menschen, die keinen Gott hatten. Das machte sie verdächtig und führte zu Verfolgung und Gewalt.

Die liturgische Farbe des Epiphaniasfestes und der sechs Sonntage, die ihm folgen, ist Grün, die Farbe der Hoffnung. Grün ist die häufigste liturgische Farbe im Kirchenjahr. Die Epiphaniaszeit und die „stille Zeit" des Kirchenjahres, Trinitatis, sind durch sie gekennzeichnet.

Februar

Fastnacht

Der volkstümlichste Festtag der Welt:

Warum man an Fastnacht schlemmt und feiert und die Kirche mit Karneval ihre Mühe hat.

Superhelden in Schlafanzügen

Am Fastnachtsdienstag war Pyjama-Tag. Jeder durfte im Schlafanzug zur Schule kommen.

„Ziehst du deinen an?", fragte ich Serkan am Rosenmontag.

„Wenn du's machst, tu ich's auch." Also hatte auch er Angst, an Fastnacht als Einziger im Schlafanzug dazustehen, während alle anderen ihre normalen Klamotten trugen.

„Weißt du, wer sich auch noch verkleidet?", wollte ich wissen. Serkan kratzte sich am Kinn.

„Ramona und Leoni haben es vor, Jakob und Alex auch."

„Und die Lehrer?"

„Was soll die Fragerei? Entweder du verkleidest dich oder nicht", rief Serkan ungeduldig.

„O. k., ich verkleide mich", versprach ich.

„Ich ziehe meinen Avengers-Schlafanzug an", verkündete Serkan. Er mochte Superhelden. Meine Schlafanzüge sind eher superheldenfrei. Ich hatte mal einen von Spiderman. Aber der war mir inzwischen viel zu klein. Alex würde bestimmt als Superheld aufkreuzen. Er ist ein Superhelden-Fachmann und kennt alle, von den Ninja-Turtles bis Batman. Ich malte mir aus, wie es wäre, wenn alle Jungs aus meiner Klasse am Pyjama-Tag als Superhelden erscheinen würden. Nur ich nicht, weil ich alte T-Shirts von meinem Papa im Bett anziehe, weil sie so schön groß und bequem sind. Möglicherweise würden sogar ein paar Lehrer mitmachen. Englisch-Uhland zum Beispiel war ein Star-Wars-Fan. Ich hatte schon Schlafanzüge mit Darth Vader drauf gesehen. Vielleicht hatte er so einen und würde morgen im Darth-Vader-Schlafanzug Englisch unterrichten.

Ob mir der Spiderman-Pyjama doch noch passte? Nein! Er war zu kurz. Wenn ich die Hose richtig hochzog, ging sie mir unten nur noch bis zu den Knien. Wenn sie unten die Knöchel bedeckte, stand ich oben in Unterhosen da.

Es war klar, ich brauchte einen Superhelden-Schlafanzug wie die anderen. Gleich nach der Schule verkündete ich Mama, dass wir einen kaufen müssten.

„Wieso willst du unbedingt jetzt einen haben?", fragte sie mich. „Du benutzt doch Papas T-Shirts."

„Ich brauche eben einen", antwortete ich. „Jeder braucht einen Schlafanzug. Nele hat mindestens 50. Ich hab keinen."

„Du hast diesen rot-blauen mit der ekligen Spinne drauf. Aber stimmt! Den kannst du nicht mehr anziehen. Den hast du mit acht bekommen." Mama seufzte. „Und du muss sofort einen haben?"

Irgendwie bekam ich es hin, dass wir gleich, nachdem Nele aus ihrem Mittagsschlaf aufgewacht war, ins Einkaufszentrum fuhren. Dort fand ich einen Superman- und einen Robin-Schlafanzug. Als Superman würde sich bestimmt jemand anderes verkleiden und Robin gefiel mir nicht. Aber dann fand ich noch einen Green-Lantern-Schlafanzug. Den wollte ich, weil ich Grün mag. Ich wusste über Green Lantern zwar nicht genau Bescheid, er hatte irgendeinen Ring mit Superkräften. Doch das war mir egal. Hauptsache, ich ging morgen nicht in einem T-Shirt meines Vaters zur Schule. Tags drauf war Mama schon zur Arbeit gegangen und Papa machte für Nele und mich das Frühstück. Mama und Papa arbeiten beide nicht den ganzen Tag, sodass immer einer von ihnen zu Hause sein kann.

„Willst du so in die Schule?", fragte Papa, weil ich mit dem neuen Schlafanzug am Tisch saß.

„Heute ist Fastnacht. Jeder darf in seinem Schlafanzug kommen", erklärte ich.

„Ach so! Ich hab mich gewundert, als Mama mir erzählte, dass du unbedingt einen Pyjama haben wolltest. Ich dachte schon, du hättest genug von meinen T-Shirts."

„Ich mag deine T-Shirts immer noch. Aber ich brauche doch wenigstens einen Schlafanzug im Leben", antwortete ich.

„Das stimmt natürlich. Einen braucht man auf jeden Fall", gab Papa zu, während er Neles honigverschmierte Hand abwischte.

Auf dem Weg zur Schule zeigte ich Serkan meinen Schlafanzug unter der dicken Jacke.

„Green Lantern? Das ist der Typ mit dem Ring. Was kann er noch?"
Ich dachte einen Moment nach. „Ich schätze, er kann fliegen. Fliegen können sie doch alle."

Einige Jungs hatten tatsächlich ebenfalls Superhelden-Pyjamas an, Alex zum Beispiel. Wie ich mir gedacht hatte. Aber die meisten trugen ganz normale. Die Mädchen auch. Ramona hatte einen komischen, den man nur ganz an- oder ausziehen konnte und der sogar über die Füße ging. Englisch-Uhland kam nicht als Darth Vader, er hatte eine Schlafmütze auf dem Kopf. Und dann war da noch Jakob. Er saß auf seinem Platz im Klassenzimmer und schien nicht zu bemerken, dass ihn alle ein bisschen komisch ansahen.

„Ist das dein Schlafanzug?", fragte ich ihn. „Auf deinem Bauch steht ‚Gute Nacht, kleiner Bär!'"

Jakob sah an sich herab. Er trug einen schlabberigen, sehr bequem aussehenden karierten Anzug mit einem lachenden braunen Bär. Nele hat so einen ähnlichen.

„Ist echt kuschelig. Innen ganz weich." Jakob streckte mir seinen grüngelb-roten Arm entgegen.

„Schon, aber er ist ein bisschen uncool, finde ich."

„In Echt?" Jakob war verblüfft.

„Serkan hat seinen Avengers-Schlafanzug an, Alex kommt als Superman und ich habe irgendwo zwei Batmans gesehen. Gestern habe ich mir extra einen Superhelden-Schlafanzug besorgt", flüsterte ich.

Jakob zuckte mit den Schultern. „Na ja, es hieß, heute sei Pyjama-Tag, und ich habe meinen Lieblingsschlafanzug angezogen. Ist doch nichts Besonderes mehr, wenn alle wie Superhelden aussehen."

Ramona kam zu uns herüber.

„He, Jakob!", rief sie, „dein Schlafanzug ist echt süß. Gefällt mir! Besonders der Bär."

„Ist total weich. Im Winter ist das mein Lieblingsschlafanzug", antwortete Jakob. Dann drehte sich Ramona zu mir um: „Das ist ein Green-Lantern-Schlafanzug, nicht wahr? Mein kleiner Bruder hat auch so einen. Er ist acht und fährt noch voll ab auf Superhelden."

Fastnacht – der volkstümlichste Festtag der Welt

Man liebt es oder man hasst es: Fassenacht, Fasching, Fastnacht oder Karneval. Das tolle Treiben am Ende des Winters. Guggemusik und Karamellen, Umzüge und Funkenmariechen. Laut, lustig, schrill und bunt. An Karneval geht, was sonst nicht geht. Ein christlicher Feiertag ist er nicht. Karneval ist vielmehr ein Frühlingsfest. Zwar fängt mit ihm der Frühling nicht an, aber mit dem Karneval erwartet und begrüßt man ihn, lärmend und feiernd. Am Namen des volkstümlichsten Feiertags der Welt erkennt man noch die christliche Annäherung. Das Wort „Karneval" ist möglicherweise eine Verballhornung des mittellateinischen „Carne vale!" („Fleisch, lebe wohl!"), denn am Aschermittwoch beginnt die Fastenzeit vor Ostern. In den Bezeichnungen Fassenacht bzw. Fastnacht ist das „Fasten" wörtlicher Bestandteil. Am Aschermittwoch ist alles vorbei, aber davor wird getrunken, geschmaust und gefeiert.

Zu den heidnischen Ursprüngen von Fastnacht gehören die römischen Saturnalien, die stürmischen Festtage zu Ehren Saturns, des römischen Gottes der Aussaat, ebenso dazu wie der germanische Brauch, mit einem Gefährt in Form eines Schiffes über das Land zu ziehen, um der Göttin Hertha (oder Nerthus) dafür zu danken, dass die Wasserwege wieder befahrbar wurden. Der Brauch hat seine moderne Variante in den Straßenumzügen. Die schwäbisch-alemannische Fastnacht ist der Winteraustreibung gewidmet. Man bietet den bösen Geistern des dunklen Winters die Stirn, indem man ihnen in ihrer eigenen Gestalt, in Hexenmasken und Larven, gegenübertritt. Auch der fröhliche Lärm der Karnevalsumzüge erfüllt diesen Zweck; Dämonen mögen nämlich keinen Krach, heißt es.

Exkurs Im schwäbisch-alemannischen Raum, also in Südwestdeutschland und in der Schweiz, nennt man die musikalische Untermalung des Karnevals „Guggemusik". Es gibt zwei Erklärungen dieses Begriffs: Eine „Gugg" ist im Schwäbisch-Alemannischen eine Tüte. Sie diente ursprünglich als einfache Maskerade für die Musikanten. Die zogen sich eine Papiertüte, in die zweckdienliche Löcher geschnitten waren, über den

Kopf und trompeteten, trommelten und rasselten, was das Zeug hielt. Das Tätigkeitswort „guggen", so die zweite Erklärung, bezieht sich im Alemannischen der Schweiz auf die Weise des Musizierens: nicht schön, aber laut. Darauf kommt es schließlich an, wenn man beim Karnevalsumzug „guggt".

Besonders viel Freude an Fastnacht hat man hierzulande seit jeher in den Gebieten am Rhein; dort befinden sich bis heute die Karnevalshochburgen. Die christliche Obrigkeit, die weltliche und erst recht die geistliche, stand dem feuchtfröhlichen Brauch zunächst ablehnend gegenüber. Nicht so sehr, weil man dem Volk das Feiern nicht gönnte, sondern weil es während der tollen Tage oft allzu toll getrieben wurde. Im Lauf der Jahrhunderte aber arrangierte man sich. Verhindern konnte man den Karneval eh nicht. Dafür war das Verkleiden, Possenreißen (niederdeutsch: „faseln") und Schlemmen einfach zu schön. Zumal ab Aschermittwoch nur noch ganz bestimmte Fastengerichte erlaubt waren.

Während die römisch-katholische* Kirche aus Fasching nach Möglichkeit das Beste machte, war den protestantischen* Christen Karneval zuwider. Das hatte mehrere Gründe: Die Protestanten waren der Ansicht, das Fressen, Saufen, Verstellen und Verbergen sei eines echten Christen unwürdig. Auch die offensichtlich heidnischen Ursprünge des Karnevals waren ihnen ein Dorn im Auge. So etwas hatte ausnahmslos nichts zu suchen im christlichen Lebenswandel. Schließlich lehnten die Protestanten auch den katholischen Brauch der Fastenzeit ab. Das 40 Tage dauernde Fasten, das am Aschermittwoch begann, rechtfertigte in gewisser Weise den Karneval, weil man vor der kargen Zeit noch einmal ordentlich vom Leder ziehen durfte. Die Reformatoren hatten weder für das eine noch das andere etwas übrig. Mit dem Ergebnis, dass in den evangelischen* Ländern der Karneval mehr oder weniger verschwand.

Heute freilich spielt die Konfession keine Rolle mehr bei der Frage, ob man Fasching mag oder nicht. Ob Köln oder Bremen, Brandenburg oder Mainz, Fastnachtsfans finden sich überall in der Republik. Regionale Grenzen überschreiten auch manche kulinarischen Karnevalsprodukte. Fettgebackenes wie Kräbbel, Krapfen, Pfannkuchen – drei Bezeichnungen für ein und dasselbe – steht dabei im Mittelpunkt. Auch Schweinefleisch und Speck sind beliebt, denn ab Aschermittwoch ist es damit vorbei. Karneval ist nichts für Leute, die auf Cholesterin achten.

Was den christlichen Glauben prägt, ist das, was nach der Fastnacht folgt, die Fastenzeit. Erstaunlicherweise gilt hier dasselbe wie für den Karneval: Das vorösterliche Fasten erfreut sich immer größerer Beliebtheit, egal ob evangelisch, katholisch oder freigeistlich. Es setzt einen klaren Gegenakzent zum Übermaß, zur Übertreibung und zur Aufregung, alles Zustände, die im Grunde während des gesamten Jahres an der Tagesordnung sind und nicht nur zur sogenannten fünften Jahreszeit.

Fastnacht – der volkstümlichste Festtag der Welt

März

Die vorösterliche Fastenzeit

Keine Zeit der Trauer:

Warum Fasten gut tun kann und die Zeit vor Ostern nichts mit Trauer und Schwermut zu tun hat.

Als der Bildschirm dunkel blieb

Der Fernseher machte ein komisches Geräusch, ungefähr so wie „Fumpp",
und dann wurde alles dunkel. Mitten in meiner Lieblingssendung *Kommissar
Lupin* gab er den Geist auf. *Kommissar Lupin* ist ein superintelligenter vier-
zehnjähriger Detektiv, der in der Weltraummetropole Paris II Verbrechen unter Menschen und Außerirdischen aufklärt. Gerade verfolgte er auf seinem
Space-Scooter Madame Lilith, die kriminelle Kugelfischfrau, als sich der
Fernseher verabschiedete. Ich war fassungslos.

„Die Garantie gilt nicht mehr." Papa las in der Gebrauchsanweisung des
Fernsehers. „Aber hier stehen Adressen, wo ich ihn hinbringen kann, um
ihn reparieren zu lassen."

„Dauert das lange?", fragte ich. „Ich will die nächste Folge von *Kommissar
Lupin* unbedingt sehen. Jetzt habe ich schon nicht mitgekriegt, ob er die Kugelfischfrau erwischt hat oder nicht."

Papa zuckte mit den Schultern: „Ich habe keine Ahnung, wie lange so etwas dauert. Eine Woche oder zwei, schätze ich."

„Aber *Kommissar Lupin* ist doch meine absolute Lieblingssendung und sie
kommt jede Woche. Können wir nicht einen neuen Fernseher kaufen?"

„Ein neuer würde ein paar Hundert Euro kosten. Das können wir uns
nicht leisten."

„Aber ich brauche einen Fernseher!", rief ich.

„Frag Serkan, ob du bei ihm mitschauen kannst", meinte Papa.

„Serkan mag *Kommissar Lupin* nicht. Er steht auf *Mission Incredible*. Aber das
ist blöd."

„Ich kann keinen Fernseher herzaubern. Du musst dir was einfallen lassen."

Damit war für Papa das Gespräch beendet. Und es stimmte ja auch: Zau-
bern konnte er nicht. Dafür brachte er den Fernseher am nächsten Tag zur
Reparatur und kam mit einer Hiobsbotschaft zurück: „14 Tage dauert es auf

jeden Fall. Sie haben in der Werkstatt viel zu tun und es fehlt ihnen irgendein spezielles Ersatzteil."

Ich war ziemlich enttäuscht. 14 Tage ohne *Kommissar Lupin*, das waren zwei Folgen! Am nächsten Tag erzählte ich Oma von meinem Unglück. Oma wohnt nicht weit von uns, mit dem Bus einmal quer durch die Stadt. Manchmal gehe ich zum Mittagessen zu ihr. Ich darf mir dann ein Essen aussuchen und Oma kocht es. Ich suche mir immer paniertes Schnitzel mit Pommes und Salat aus, weil Oma die besten Schnitzel brät, groß, flach und knusprig. Auch diesmal schmeckte es lecker, aber ich war unglücklich, weil ich noch immer keinen Einfall hatte, wie ich die nächste *Kommissar-Lupin*-Folge sehen konnte. Oma war keine Hilfe, weil sie gar keinen Fernseher besaß. Trotzdem erzählte ich ihr von meinem Problem. Manchmal tröstet es, wenn man einfach jemandem erzählen kann, was einen bedrückt.

„Ich hatte mal einen Fernseher", erzählte Oma. „Er stand dort drüben auf der Anrichte. Eines Tages wurde mitten in einer Sendung der Bildschirm schwarz, genau wie bei dir, aber vorher sprangen ein paar Funken. Zuerst fehlte er mir ein wenig. Aber dann nicht mehr. Ich hatte ihn meistens sowieso nur angestellt, um mich abzulenken. Richtig ferngeschaut habe ich nicht. Das Spannendste, was ich je gesehen habe, waren die sprühenden Funken."

Ich konnte nicht behaupten, dass mich die Geschichte von Omas funkensprühendem Fernseher aufmunterte. „*Kommissar Lupin* ist wirklich spannend", widersprach ich und erklärte ihr, während ich die Pommes verspeiste, in was für einer tragischen Situation ich mich befand. Oma hörte mir zu. Beim Nachtisch – Vanilleeis mit Apfelstrudel! – holte sie ihren Handarbeitskorb und begann zu häkeln. Irgendwann unterbrach sie mich. „Kannst du häkeln?"

Ich nickte. „In der Vierten hatten wir Handarbeit. Da hab ich einen Topflappen gehäkelt."

Oma suchte in ihrem Korb nach einer Häkelnadel und gab sie mir.

„Du kannst mir helfen, während du mir erzählst, um was es bei diesem Detektiv Lupus geht. Ich häkle diese kleinen Vierecke hier, die werden später zu einer großen Decke zusammengenäht. Das Beste, was man aus Wolleresten machen kann." Sie kramte ein paar Bündel Wolle hervor und zeigte mir, wie man die erste Reihe häkelte.

„Du kannst dir die Farben selbst aussuchen. Nimm, was dir gefällt."

Und während wir zusammen dasaßen, erzählte ich Oma alles über *Kommissar Lupin* bis zu der Stelle, als der Fernseher das komische Geräusch von sich gab. Wir saßen den ganzen Nachmittag zusammen, häkelten bunte Vierecke und unterhielten uns. Am Ende legten wir alle Vierecke nebeneinander, um zu schauen, wie groß die Decke schon war.

„Es fehlt noch ein ziemliches Stück", sagte Oma. „Aber du kannst morgen wieder vorbeikommen und mir helfen, wenn du magst."

Das versprach ich gerne, denn es machte ziemlich viel Spaß, mit Oma eine Decke zu häkeln. Am nächsten Tag machte ich Schularbeiten, dann servierte mir Oma noch einmal Strudel mit Vanilleeis und dann häkelten wir wieder. Oma erzählte nebenher von den Spielen, die sie als Kind gespielt hatte, und ihren Büchern.

„Mein Vater, dein Urgroßvater, hat mir eine alte Taschenlampe geschenkt, damit hab ich heimlich unter der Bettdecke Karl May geschmökert. Es war toll, aber am nächsten Tag war ich ziemlich müde."

Die Decke wurde immer größer, denn in dieser Woche ging ich noch zweimal zur Oma. Ein paar Tage später sagte mir Papa, als wir zusammen den Salat fürs Abendessen wuschen, dass der Fernseher früher fertig würde als gedacht.

„Toll!", sagte ich, aber es klang offenbar nicht so begeistert, wie Papa das erwartet hatte.

„Ich hole ihn morgen ab. Dann verpasst du weniger von deiner Lieblingssendung", half er mir auf die Sprünge.

Kommissar Lupin – das hatte ich ganz vergessen. Richtig, morgen kam eine neue Folge.

„Klasse! Danke!", rief ich, jetzt etwas munterer. „Aber vorher muss ich noch zu Oma."

„Was willst du denn bei Oma?"

„Wolle und eine Häkelnadel holen", antwortete ich. „Wir haben 116 Vierecke und brauchen noch 14, um eine Decke daraus zu nähen. Bei einer Folge *Kommissar Lupin* schaffe ich mindestens ein halbes Viereck."

Die vorösterliche Fastenzeit

Fasten ist ein schillernder Begriff und gegenwärtig im Trend. Man kann alles fasten, nicht nur Nahrung: Man kann aufs Fernsehen verzichten, aufs Internet, Smartphone und Handy, Shoppen, Autofahren, auf Kaffee, kurzum: Wer fastet, tritt beim Konsum von irgendetwas auf die Bremse. Warum? Um sich zu entschlacken, Pfunde zu verlieren, um bewusst etwas anders zu machen und seine „Mitte" wiederzufinden.

Das Fasten ist so alt wie die Menschheit selbst. Im Gilgamesch-Epos, dem ältesten bekannten Epos der Welt, wird erzählt, dass der gottgleiche König von Uruk vor Trauer fastete, weil sein Freund Enkidu gestorben war. Gefastet wurde und wird immer, in allen Gesellschaften und in allen Religionen; man denke an den muslimischen Fastenmonat Ramadan oder an Buddhas jahrelange Fastenmeditation unter dem Bodhi-Baum. Ziel war seit Gilgameschs Zeiten immer dasselbe: nach dem Fasten gefestigter dazustehen als davor. Unser deutsches Wort „fasten" hat tatsächlich denselben Ursprung wie das Wort „fest".

Es gibt zwei unterschiedliche Weisen des Fastens: die beabsichtigte und die „unwillkürliche". In der Bibel ist die Rede von beiden Formen. König David fastete, weil sein Sohn auf den Tod erkrankte (2. Buch Samuel, Kapitel 12, Vers 16), Saulus von Tarsus, der spätere Apostel* Paulus*, fastete, weil ihm der auferstandene Jesus begegnet war (Apostelgeschichte, Kapitel 9, Vers 9). „Unwillkürliches" Fasten stellt sich ein, wenn das Leben einen erschüttert. Doch wenn vom Fasten die Rede ist, dann in der Regel von dem der beabsichtigten Art, und zwar aus religiösen und/oder gesundheitlichen Gründen. Die vorösterliche Fastenzeit bietet dazu die Gelegenheit. Sie ist keine Zeit der Trauer oder Erschütterung, wiewohl die Symbole des Fastens damit zu tun haben. Die Fastenzeit ist als eine Zeit der Besinnung, Konzentration und Kontemplation zu verstehen.

Viele Rituale des Fastens übernahmen die Christen vom Judentum, dem Glauben, aus dem sich das Christentum entwickelte. Fasten zeigte sich dort nicht nur im Verzicht auf Nahrung. Man zerriss seine Gewänder und legte qualitativ schlechtere, unbequeme Kleidung an, zum Beispiel das „Saq-Tuch". Das hatte, wie eine Theorie besagt, nichts mit dem kratzigen Stoff aus

Jute zu tun, war also kein „Sacktuch", sondern ein Lendenschurz, mit dem man sich zum Zeichen der Trauer bekleidete. Ein Zeichen des Fastens war auch, sich mit Asche und Staub zu bewerfen. Unser Sprichwort „in Sack und Asche gehen" überliefert möglicherweise dieses Ritual. Man schlug sich gegen die eigene Brust, um deutlich zu machen, dass einem das Fasten zu Herzen ging, und schnitt sich die Haare.

Woher kommt das vorösterliche Fasten? Die ersten Christen kannten zwar schon regelmäßige Fastentage, z. B. den bis heute dafür bekannten Freitag, weil an diesem Tag Jesus der Überlieferung nach am Kreuz starb. Aber über einen so langen Zeitraum, nämlich 40 Tage, anhaltend zu fasten war zu Beginn des Christentums noch nicht allgemein üblich. Vermutlich stammt der Brauch aus Ägypten, einem „Kernland" der ersten Christen. Dort wurde 40 Tage vor der heiligen Osterwoche gefastet. Die Zahl 40 ist symbolisch. Sie steht für die 40 Jahre, die das Volk Israel wandernd in der Wüste zubrachte, nachdem Mose es aus der Gewalt des Pharao befreit hatte (2. Buch Mose). Jesus fastete die 40 Tage nach seiner Taufe im Jordan (Matthäusevangelium*, Kapitel 4, Vers 2). Im Laufe der Jahrhunderte kam dem Fasten und den Fastenverordnungen immer mehr Bedeutung zu. Die Vorschriften wurden minutiös erfasst und befolgt. Fastenspeisepläne wurden festgelegt bzw. die Ausnahmen davon, und wer das Fasten brach, musste mit empfindlichen Strafen rechnen.

Diese „bürokratische" Entwicklung passt allerdings nicht so recht zu der Überlieferung in den Evangelien: Demnach stand Jesus einem peinlich genau den Vorschriften folgenden Verhalten nicht wohlwollend gegenüber. Er mokierte sich vielmehr über das dramatische Getue der frommen Pharisäer*, die nach außen demonstrierten, dass sie fasteten. In diesem Sinne gebot er seinen Zuhörern: „Wenn ihr fastet, sollt ihr nicht sauer dreinsehen wie die Heuchler, denn sie verstellen ihr Gesicht, um sich vor den Leuten zu zeigen mit ihrem Fasten. ... Wenn du aber fastest, so salbe dein Haupt und wasche dein Gesicht, damit du dich nicht vor den Leuten zeigst mit deinem Fasten, sondern vor deinem Vater, der im Verborgenen ist" (Matthäusevangelium, Kapitel 6, Verse 16 und 17).

Das Fasten bezieht sich also auf das, was verborgen in einem selbst liegt. Das ist der eigentliche Gedanke. Die Fastenzeit ist eine Zeit der Besinnung, der Suche nach den in einem selber liegenden Kräften. Diese Dinge liegen nicht offen zutage. Das innere Universum sei ebenso geheimnisvoll wie das äußere, schrieb der Arzt und Psychotherapeut Paul Tournier. Ihm kommen wir nicht auf den üblichen Wegen der Planung, Objektivität und Vernunft auf die Spur. Solche Werkzeuge erweisen sich in diesem Fall als unbrauchbar. Vielmehr ist Einkehr – hier ist die deutsche Sprache sehr vielsagend – das passende Instrument. Die Fastenzeit ist eine Zeit des Zusichselbstkommens. Reformatoren wie Luther besaßen zwar Sinn für Einkehr, vom Fasten hielten sie aber nichts. Martin Luther hatte, als er noch Augustinermönch war, versucht, durch hartes Fasten und Bußübungen innere Ruhe zu finden. Er war gescheitert. Seitdem hatte er Zweifel an dem durchreglementierten Fastenwesen seiner Zeit. In den sich ausbildenden protestantischen* Kirchen wurden die Fastengebote gar nicht mehr befolgt, ja sogar entschieden abgelehnt und bekämpft.

Exkurs Was den Deutschen der Thesenanschlag ist, ist den Schweizern das Züricher Wurstessen. Martin Luther widersprach mit den Thesen dem katholischen* Ablassmissbrauch. Ulrich Zwingli, der Schweizer Reformator, begehrte mit Braten und Würsten gegen die Fastengebote der katholischen Kirche auf. 1522 trafen sich während der Fastenzeit Zwingli und einige seiner Anhänger im Haus seines Züricher Freundes Froschauer und verspeisten Verbotenes aus Fett und Schwein, eine bewusste Provokation der kirchlichen und der mit ihr verbundenen weltlichen Obrigkeit. Zwar hatten es die Eidgenossen nicht mehr allzu genau mit den diffizilen Fastengeboten genommen, aber nach der Züricher Wurst-Demo war es ganz vorbei damit. Womit bewiesen ist, dass selbst Metzgereiprodukte zu höchsten theologischen Ehren kommen können, wenn man sie in einem Streit verwenden kann.

Erst seit wenigen Jahrzehnten greift man hierzulande wieder auf den verborgenen Schatz der Fastenzeit zurück, um sich in Zeiten eines sich immer mehr beschleunigenden Alltags auf sich zu besinnen. In der evangelischen* Kirche hat sich die Fastenaktion „7 Wochen Ohne" etabliert. „7 Wochen Ohne" findet während des vorösterlichen Fastens statt. Die Initiative „Andere Zeiten" wurde vor 20 Jahren gegründet, um die Adventsfastenzeit neu zu beleben. Dabei steht nicht das Fasten von bestimmten Nahrungsmitteln im Vordergrund. Auch der Verzicht auf scheinbar selbstverständliche Gewohnheiten wie der Gebrauch des Handys für eine bestimmte Zeit kann dazu führen, dass man dem Alltag anders begegnet.

Die liturgische Farbe der Fastenzeit ist **Violett** und entspricht damit der Farbe der Adventszeit. Im engeren evangelischen Sprachgebrauch zieht man es vor, von Passionszeit zu reden. Violett entspricht beidem, dem Gedenken an die Passion Jesu und der Besinnung während des Fastens.

April

Karwoche und Ostern

Das Fest der Feste:

Warum Ostern das größte Fest der Christenheit ist und weshalb das
Osterlamm wichtiger ist als der Osterhase.

Amselostereier

Oma lässt den Weihnachtsbaum so lange stehen, bis die Nadeln vertrocknet sind und die Äste kahl werden. Dann schmückt sie ihn ab, stellt ihn auf den Balkon, wo er noch einmal so lange herumsteht. Papa schüttelt den Kopf darüber.

„Es ist nicht schön, wenn der Baum langsam eine Glatze kriegt", sagte er zu Oma.

„Ich mag ihn so lange wie möglich anschauen", antwortete sie.

„Aber der Februar ist fast vorbei. Du solltest ihn wenigstens auf den Balkon stellen." Papa schaute sich Omas Baum aus der Nähe an. Er sah mit den Strohsternen, dem Lametta und den goldenen Weihnachtskugeln eigentlich noch ganz hübsch aus.

„Vorsicht, stoß nicht dagegen, sonst fallen die Nadeln runter!", befahl Oma.

„Na, so schlecht ist das auch nicht", überlegte Papa. „Wenn es an Ostern warm wird, können wir mit dem trockenen Holz den Grill anfeuern, so wie letztes Jahr."

Aber dieses Jahr wurde nichts daraus. Das lag nicht am Wetter. Es war ein toller Frühling, schon richtig sonnig und warm. Oma hatte den Baum inzwischen auf den Balkon gestellt. Darunter sammelten sich allmählich die Nadeln, sodass es aussah, als bauten Ameisen unter Omas Tannenbaumgerippe ein Nest. Das Holz würde in Nullkommanichts brennen. In der Woche vor Ostern war Oma bei uns zu Besuch.

„Wann können wir vorbeikommen und deinen alten Weihnachtsbaum zersägen? Das Osterwochenende soll schön werden. Wir können grillen", sagte Papa.

„Diesmal wird's nichts mit dem Brennholz", antwortete Oma. „Ich brauche den Baum für die Ostereier."

„Was hast du vor?", fragte ich.

„Willst du ihn mit Ostereiern statt mit Weihnachtskugeln schmücken?"

„Eigentlich brauche nicht ich den Baum und eigentlich sind es auch nicht meine Ostereier." Oma lächelte. „Eine Amsel hat in den Ästen zu nisten begonnen. Sie hat in einem Astkreuz ein Nest aus Gras und Lametta gebaut und sitzt nun auf ihren Eiern. Ich gehe nicht mehr auf den Balkon und lasse sie ganz in Ruhe. Aber wenn sie sich etwas zu fressen holt, dann schaue ich schnell in ihr Nest: Vier kleine, hübsche, blaue Eier liegen drin."

„Ostereier mit etwas anderem drin als Schokolade oder Nougat, echte Ostereier sozusagen", meinte Papa.

„Darf ich morgen vorbeikommen und mir die Eier ansehen?" Das wollte ich unbedingt sehen.

„Natürlich. Und ich mache uns ein Essen, das es nur im Frühling gibt. Lass dich überraschen!"

Am nächsten Tag gab es Bratkartoffeln und Grüne Soße. Eigentlich war die Soße nicht grün, sondern vor allen Dingen weiß. Sie bestand aus saurer Sahne mit vielen frischen Kräutern. Ganz ehrlich, zuerst habe ich davon nur gegessen, weil ich höflich sein wollte. Kässpätzle wären mir lieber gewesen. Aber dann schmeckte es mir sehr gut und ich nahm mir dreimal nach. Später schauten wir nach dem Ostereierbaum. Die Amsel saß in ihrem Nest und schaute mit ihren schwarzen Knopfaugen über den Rand. Manchmal bewegte sie den Kopf und blinzelte, aber ansonsten blieb sie ganz still.

„Vor Katzen braucht sie auf dem Balkon keine Angst zu haben", sagte Oma. „Aber Elstern und Krähen sind Nesträuber. In ihrem Lametta-Nest ist sie leider gut zu erkennen."

„Wir könnten etwas auf die Zweige legen, um das Nest darunter zu verstecken", schlug ich vor. Oma fand das eine gute Idee und wir gingen in den Garten hinab und schnitten ein paar Haselnusszweige als Tarnung. Die Amsel saß wie festgeklebt auf dem Nest und ich dachte schon, es würde heute nichts mehr werden mit den Eiern. Aber dann war sie plötzlich verschwunden.

„Los!", rief Oma. „Schnell auf den Balkon!"

Im Amselnest lagen vier Eier, blau und schwarz gesprenkelt und höchstens halb so groß wie ein Hühnerei. Wir legten die Haselnusszweige auf die dürren Äste des Tannenbaums und Oma band sie sorgfältig mit Bindfäden fest. Es sah aus, als würden wir den Tannenbaum noch einmal schmücken.

„Hoffentlich erkennt sie ihn wieder, wenn sie zurückkommt", meinte ich. Aber Oma war zuversichtlich. Wir standen zehn Minuten an der Glastür zum Balkon und warteten. Als die Amsel zurückkam, hockte sie sich nicht gleich in ihr Nest, sondern blieb erst einmal auf dem Geländer sitzen. Sie wackelte mit dem Kopf. Vielleicht überlegte sie, ob sie sich im Balkon geirrt hatte. Dann hüpfte sie auf die Haselnusszweige und schaute in ihr Nest, flatterte hinab und betrachtete die Eier. Schließlich zupfte sie einen von Omas Bindfäden heraus, legte ihn sorgfältig in das Nest, hüpfte noch ein bisschen auf unserer Tarnung herum und setzte sich endlich auf die Eier. Oma und ich waren erleichtert.

Am Ostermontag trafen wir uns zum Grillen in unserem Garten. Oma wickelte dicke Kartoffeln in Silberfolie und schob sie in die Glut. Später aßen wir Würstchen und Backkartoffeln mit Grüner Soße. Oma nahm an, dass die Jungen bald schlüpfen würden, und tatsächlich piepsten, als ich sie eine Woche später besuchte, vier ziemlich nackte Amselküken im Nest. Jetzt konnten wir gar nicht mehr auf den Balkon, weil entweder die Amselmutter oder der Amselvater da war, um ihnen Futter zu bringen. Sie machten jedesmal einen ziemlichen Lärm, wenn sie einen Wurm zu fressen bekamen, und wuchsen ziemlich schnell.

„Echte Osteramseln, das hat nicht jeder", sagte Oma und lächelte.

Karwoche und Ostern – das Fest der Feste

Die Karwoche ist die Woche vor Ostern. Sie bildet den Höhepunkt der Passion und den Abschluss der Fastenzeit. „Kar" geht auf das alte Wort „kehren" (sich kümmern, bekümmern) zurück; im Englischen ist es noch in der alltäglichen Sprache gebräuchlich: to care. Im Mittelpunkt der Karwoche stehen die „Heiligen Drei Tage": Gründonnerstag, Karfreitag und Karsamstag. Beschlossen wird sie durch die Feier der Osternacht von Samstag auf Sonntag. Die Karwoche und Ostern bilden das Zentrum des christlichen Glaubens. Warum ist das so?

Den jüdischen und den christlichen Glauben verbindet eine Hoffnung: dass Gott für die ganze Welt sichtbar wird. In wunderschönen Worten beschreibt die Offenbarung diese Hoffnung: „Gott wird bei den Menschen sein und er wird abwischen alle Tränen von ihren Augen und der Tod wird nicht mehr sein, noch Leid noch Geschrei noch Schmerz wird mehr sein; denn das Erste ist vergangen" (Offenbarung des Johannes, Kapitel 21, Vers 3). Derjenige, der diese Hoffnung nach christlicher Vorstellung konkret erfüllt, ist der „Gesalbte Gottes". „Gesalbter" ist ein Synonym für König. Der König wurde nach israelitischem Brauch nicht gekrönt, sondern durch eine Salbung mit kostbarem Öl in sein Amt eingesetzt. Auf Hebräisch heißt Gesalbter „Messias", auf Griechisch „Christus".

Christen glauben, dass Jesus von Nazareth der Messias ist. Wie können sie das glauben? Weil sie an die Auferstehung Jesu glauben. Die Auferstehung bedeutet, dass Gott Jesus zum Messias berufen hat und durch ihn der Tod überwunden ist. Der Tod hat keine Macht mehr. „Der Tod wird nicht mehr sein, noch Leid noch Geschrei noch Schmerz wird mehr sein; denn das Erste ist vergangen." Um sich das auch bildlich zu vergegenwärtigen, vollzieht man in der Karwoche die letzten Tage Jesu bis zu seiner Kreuzigung nach.

Palmsonntag

Am Sonntag vor der Karwoche, dem Palmsonntag, kam Jesus gemäß der Überlieferung nach Jerusalem. Sein Einzug wurde gefeiert. Die Menschen ehrten ihn, indem sie Palmzweige abschnitten und als eine Art roter Teppich auf den Boden legten. Daher hat der Sonntag seinen Namen. Die jubelnde Menge feierte Jesus als „den, der da kommt, der König im Namen des Herrn" (Lukasevangelium*, Kapitel 19, Vers 38).

Gründonnerstag

Gründonnerstag ist der Gedenktag des Abendmahls. Der Name „Gründonnerstag" bezieht sich nicht auf die Farbe Grün, sondern auf das alte Wort „greinen" (= weinen). Jesus saß mit seinen Jüngern zum Abendessen zusammen, teilte mit ihnen Brot und Wein. Während dieses „Abendmahls" kündigte Jesus ihnen sein Leiden und seinen Tod an. Sein Schicksal würde aber zugleich einen neuen Bund besiegeln, den Gott mit den Menschen schließen würde.

Exkurs Das Abendmahl oder Herrenmahl, wie es auch genannt wird, ist aufs Engste mit dem jüdischen Glauben verbunden; im Grunde setzt es die Tradition des höchsten jüdischen Festes, des Passahfestes fort. Mit diesem Fest feiern die Juden den Auszug ihres Volks aus Ägypten und damit ihre Erlösung aus der Sklaverei. Das Teilen des Brotes, das gemeinsame Trinken des Weins aus einem Kelch, die Rede vom Bund Gottes, also sämtliche Bestandteile des Abendmahls, sind Elemente des Passahfests. Die hohe Bedeutung des Passahs für den christlichen Glauben zeigt sich auch darin, dass das Osterfest in vielen Sprachen vom Wort Passah abgeleitet wurde, beispielsweise Pasqua (italienisch), Paaske (dänisch), Pasen (niederländisch) und Pascha (griechisch und russisch).

Paulus* überlieferte die Feier des Abendmahls im Brief an die Korinther: „In der Nacht, da Jesus verraten wurde, nahm er das Brot, dankte und brach's und sprach: Das ist mein Leib, der für euch gegeben wird; das tut zur Erinnerung an mich. Desgleichen nahm er auch den Kelch nach dem Mahl und sprach: Dieser Kelch ist der neue Bund, besiegelt durch mein Blut. Wann immer ihr daraus trinkt, tut es zur Erinnerung an mich" (1. Brief an die Korinther, Kapitel 11, Verse 23–25).

Bei diesem Passahfest bzw. Abendmahl waren die Jünger einem Wechselbad der Gefühle ausgesetzt: Sie glaubten – wie die übrigen Jerusalemer –, dass sich mit Jesus etwas Großes ankündigte, weswegen ihnen die gemeinsame Feier des Passahs viel bedeutete. Doch als Jesus sich von ihnen verabschiedete und sein Sterben ankündigte, bekamen sie Angst. Die Rede vom neuen Bund, der durch sein Blut geschlossen würde, verstanden sie nicht. Als Jesus später an diesem Abend im Garten Gethsemane verhaftet wurde, waren sie so verunsichert, dass sie ihn im Stich ließen und die Flucht ergriffen. Die Jünger verstanden den Weg Jesu nicht, obwohl sie unmittelbar am Geschehen beteiligt gewesen waren. Das Wort „Sakrament"*, mit dem man das Abendmahl auch bezeichnet, deutet sprachlich auf die Rätselhaftigkeit des Ganzen: Sakrament bedeutet Geheimnis. Dem größten Geheimnis dieses Wegs ist der Feiertag gewidmet, der Gründonnerstag folgt, nämlich Karfreitag.

Karfreitag

Warum hat Gott den Messias, seinen eigenen Sohn, sterben lassen, zumal auf diese entsetzliche Weise? Die Kreuzigung war ein öffentlicher Tod durch Folterung, das lateinische Wort cruciare bedeutet foltern. Die römische Herrschaft wandte diese Art der Todesstrafe bei Hochverrat an, um den Verurteilten einen möglichst qualvollen Tod erleiden zu lassen und zugleich den Beherrschten vor Augen zu halten, was ihnen blühte, wenn sie aufbegehrten. Überdies galt das öffentliche Sterben auf diese Weise als schlimmste Schande. Das Kreuz war damals ein Schandmal.

Warum musste Jesus so sterben? Es ist unbegreiflich und abstoßend, dass Gott Jesus diesen Tod hat erleiden lassen.

In der gesamten 2000-jährigen Geschichte des christlichen Glaubens hat man versucht, die Bedeutung des Kreuzestodes in Worte zu fassen. Eine emotional überzeugende Erklärung wurde nicht gefunden, wird es wohl nicht dafür geben. Schon Paulus, der wichtigste christliche Lehrer, stellte fest, dass das Wort vom Kreuz für die einen völliger Unsinn, für die anderen lebensbestimmend sein würde (1. Korintherbrief, Kapitel 1, Vers 18). Auch im Fall von Jesu Kreuzigung ging er von einer göttlichen Weisheit aus, die den Menschen verborgen ist, die ihnen ein Geheimnis ist und bleibt (1. Korintherbrief, Kapitel 2, Vers 7).

Jesus selbst sah sich in der Rolle des Opferlamms. Auch das Opferlamm verweist auf das Passahfest bzw. auf die ihm zugrunde liegende Befreiung Israels aus der ägyptischen Sklaverei: Gott schickte zehn Plagen, um den ägyptischen Pharao dazu zu bringen, die Israeliten ziehen zu lassen. Doch der Pharao, der sich selbst als Gott ansah, weigerte sich. Erst die zehnte Plage brach seinen Stolz. Sie bestand darin, dass alle Erstgeborenen, ob Tier oder Mensch, starben. Nur bei den Israeliten war das nicht der Fall, denn Gott hatte ihnen geboten, ihre Haustüren mit dem Blut eines Lamms zu kennzeichnen, damit die Plage an ihnen vorüberging. Jesus übertrug dies auf seinen Tod. Sein Blut wurde hingegeben, damit alle, die an ihn glauben, nicht dem Tod anheimfallen.

Das zu begreifen war den Jüngern zunächst nicht möglich. Tatsächlich erschien ihnen Jesu Tod sinnlos. Sie waren vor Trauer wie gelähmt und sehr verzweifelt. Erst am Tag von Jesu Auferstehung, den wir als Ostern feiern, begriffen sie allmählich, dass auf Jesus von Nazareth tatsächlich die Verheißung Gottes lag, die Menschen nicht dem Tod zu überlassen. So wie Israel von der

Sklaverei Ägyptens befreit wurde, führt Jesus die Menschen, die an ihn glauben, aus dem Tod.

Man kann sich dem Kreuzestod Jesu auch auf folgende Weise nähern: Nach der Vorstellung des Alten Testaments* ist Sühne keine Strafe, sondern eine Wiederherstellung des vorherigen Zustands. Wird jemand schuldig, so kann er durch einen anderen, der für ihn die Strafe auf sich nimmt und ihn damit von der Schuld erlöst, aus dieser Schuldfalle befreit werden. Sein Leben wird sozusagen im alten Zustand wiederhergestellt. Das Neue Testament* spricht in diesem Zusammenhang von einer Neuschöpfung oder Wiedergeburt. Jesus ist dieser Erlöser. Durch seinen Tod und seine Auferstehung – das eine kann nicht vom anderen getrennt werden – wird das Leben wiederhergestellt.

Die Wirklichkeit, die uns umgibt, scheint freilich in weiten Teilen von Gewalt, Tod, Verzweiflung, Trauer und Hoffnungslosigkeit gekennzeichnet zu sein. Als ich dieses Kapitel schrieb, fand im Kölner Dom der Gedenkgottesdienst für die 150 Opfer des Flugzeugunglücks in den französischen Alpen statt; ein Unglück, das gerade dadurch so tragisch erscheint, weil der Tod dieser Menschen so vollkommen sinnlos zu sein scheint. Auf die Frage, warum, gibt das Neue Testament keine Antwort. Die neue Wirklichkeit aber, die durch Ostern gilt, wird bestimmt von der Überwindung des Todes. Der Tod hat nicht das letzte Wort. Jesus ist auferstanden, glauben die Christen. Man könnte es auch so formulieren: Gott hat das letzte Wort und er will das Leben.

Exkurs   Die Bezeichnung „Jesus Christus" ist die Verbindung des Namens „Jesus von Nazareth" mit dem Titel „Christus" bzw. „Messias". Die ersten Christen, sie waren ja Juden, bezeichneten Jesus so, weil sie glaubten, dass Jesus von Nazareth der versprochene Messias ist. Das wurde ihnen aber erst nach seiner Auferstehung bewusst. Deshalb kann man von Jesus, (dem) Christus eigentlich erst seit Ostern sprechen. Im Abendland sind wir an die Bezeichnung „Jesus Christus" so sehr gewöhnt, dass wir sie nicht mehr hinterfragen; sie erscheint uns wie ein Name. Gläubige Juden würden Jesus nicht Christus nennen, denn für sie steht das Kommen des Messias noch aus.

Während der Karwoche und Ostern wechseln die liturgischen Farben. Am **Gründonnerstag** ist Weiß die liturgische Farbe. Auf diese Weise tritt die Passion in Verbindung mit der Geburt Jesu, denn die liturgische Farbe von Weihnachten ist ebenfalls Weiß. Weiß bedeutet aber auch die Anteilnahme Gottes mit den Menschen und der Welt. Das Abendmahl ist ein Symbol für diese Anteilnahme, die sich im Bund verwirklicht, den Gott laut Jesus mit den Menschen geschlossen hat.

Am Karfreitag und -samstag wird der Altar entweder **schwarz** geschmückt als Zeichen der Trauer um Jesus, häufig wird er aber auch gar nicht geschmückt. Eine weitere Möglichkeit ist **Rot** als liturgische Farbe. Rot symbolisiert eigentlich den Heiligen Geist, hier erinnert es jedoch an das vergossene Blut Jesu.

Ostersonntag

Im Grunde feiern wir jeden Sonntag Ostern. Der Sonntag oder Herrentag wurde zum christlichen Feiertag, weil Christus am ersten Tag der jüdischen Woche, dem Sonntag, auferstand. Zunächst feierten die jüdischen Nachfolger Jesu wie ihre Glaubensbrüder den Sabbat, also den Samstag, als Tag der Ruhe. Der Sabbat begann (und beginnt) allerdings bereits am Freitagspätnachmittag oder -abend, genauer gesagt dann, wenn die Dämmerung es nicht mehr zulässt, einen weißen von einem schwarzen Bindfaden zu unterscheiden. Dieser Ruhetag war genau geregelt und bemessen: Alle Arbeiten wurden eingestellt, alle unnötigen Wege mussten vermieden werden, auch das Reisen war nicht erlaubt. Die jüdischen Pharisäer* hielten sich exakt an diese Regelungen, um dem göttlichen Gesetz gehorsam zu sein. Jesus geriet mit den Pharisäern oft in scharfe Auseinandersetzungen, weil sie die Einhaltung der Sabbatregeln für wichtiger und gottgefälliger hielten, als beispielsweise jemandem in Not zu helfen.

Die Sabbatruhe spielt für den Tod Jesu insofern eine Rolle, als sie bei seiner Grablegung berücksichtigt wurde: Joseph von Arimathea, einer seiner Anhänger und ein angesehener Jerusalemer Ratsherr, beeilte sich, Jesu Leichnam noch vor Feiertagsbeginn ins Grab zu legen, denn das wäre am Sabbat verboten gewesen. Erst am Tag nach dem Sabbat, unserem heutigen Sonntag, machten sich einige der Frauen, die zu Jesus gehörten, gleich bei

Anbruch des Tages auf, um dem Leichnam die letzte Ehre zu erweisen, d. h., sie wollten ihn mit kostbaren Ölen salben. An dieser zeitlichen Abfolge der Osterereignisse kann man sehen, dass die Anhänger Jesu sich selbstverständlich an die Sabbatruhe hielten.

Wann und warum genau der christliche Feiertag vom Samstag auf den Sonntag übertragen wurde, ist nicht bekannt. Die ersten Christen mussten den Feiertag nicht mehr in der strikten jüdischen Weise einhalten, ebenso wenig die strengen Speisevorschriften der Juden. Möglicherweise versuchte man sich als „Volk des neuen Bundes" auch von den Juden abzugrenzen, indem man nicht mehr am selben Tag wie sie den Ruhetag einhielt. Auf jeden Fall spielte von Anfang an das Gedenken an die Auferstehung eine gewichtige inhaltliche Rolle bei der Bestimmung des Feiertags. Seit der Zeit Konstantins des Großen, also etwa seit dem 4. Jahrhundert, ist der Sonntag allgemein der öffentliche christliche Ruhetag.

Exkurs Die christliche Kirche der Adventisten, in deren Glaubensmittelpunkt die Wiederkehr Jesu (= Advent) steht, hält an der Kontinuität des jüdischen Sabbats fest und feiert den Samstag als Ruhetag. Wie die Juden geben auch die Adventisten einer bewussten Lebens- und Ernährungsweise den Vorzug. Sie meiden Rausch- und Genussmittel und viele sind Vegetarier. Den Adventisten verdanken wir zwei berühmte Nahrungsmittel: Der Arzt John Harvey Kellogg und sein Bruder Will Keith entwickelten im 19. Jahrhundert die Erdnussbutter und die Cornflakes als Vollwertnahrungsmittel.

Die Auferstehung ist der Dreh- und Angelpunkt des christlichen Glaubens. „Es muss alles gut werden", schrieb Søren Kierkegaard, „weil Christus auferstanden ist." Aber wie die Kreuzigung ist auch die Auferstehung ein Geheimnis des Glaubens. Es ist unmöglich, sich die Auferstehung über den Verstand, gleichsam von außen, begreiflich zu machen. Glaube ist ein Ereignis im Inneren des Menschen.

Kein Jünger hatte sich von der Tatsache, dass Jesus nicht mehr im Grab lag, wie es die Frauen geschildert hatten, überzeugt. Die Auferstehung erreichte sie nicht, zu sehr waren sie von Zweifel und Angst ergriffen. Selbst der auferstandene Jesus drang zunächst nicht zu ihnen durch. Die ersten Zweifler an der Auferstehung waren die Jünger Jesu. Dies schildert die berührendste Ostergeschichte der Bibel, die der Jünger von Emmaus. Über sie wird traditionell an Ostern gepredigt: Zwei Jünger, die nicht zum engeren Zwölferkreis um Jesus gehörten, gingen an dem Tag, den wir als Ostersonntag bezeichnen, in den kleinen Ort Emmaus nahe Jerusalem. Die Enttäuschung, die Verzweiflung und die Angst, die der Tod Jesu ausgelöst hatte, hielten sie voll und ganz gefangen. Ihre Hoffnung auf eine Teilhabe an Jesu Herrschaft war zerstört. Auf dem Weg nach Emmaus gesellte sich der Auferstandene zu ihnen und fragte, warum sie so verzweifelt wären. In ihrem Zustand erkannten sie ihn nicht und erläuterten ihm die Gründe für ihre Hoffnungslosigkeit. Jesus begann ihnen zu erklären, warum das Schreckliche hatte geschehen müssen. Nach wie vor erkannten die Emmausjünger, wie sie später genannt wurden, ihn nicht, aber die Nähe und die Worte Jesu ließen Hoffnung in ihnen aufkeimen. In Emmaus angekommen, baten sie Jesus, zu bleiben und mit ihnen zu Abend zu essen. Hier erst, als Jesus Brot austeilte, erkannten sie ihn. Es heißt, die Jünger seien so überwältigt gewesen, dass sie noch in derselben Nacht wieder nach Jerusalem zurückkehrten, um den anderen Jüngern Bescheid zu geben, dass „er wahrhaftig auferstanden ist". Dieser Satz ist Bestandteil der Osterliturgie geworden. Am Ostermorgen begrüßen sich Christen aller Kirchen mit dem Gruß „Er ist auferstanden – er ist wahrhaftig auferstanden" (nach dem Lukasevangelium, Kapitel 24, Vers 34). Ursprünglich stammt diese Tradition aus den orthodoxen* Kirchen, sie ist aber mittlerweile in allen christlichen Kirchen gebräuchlich.

Ostern ist das einzige christliche Fest, das in den zwei westgermanischen Sprachen Englisch und Deutsch einen heidnischen Namen hat. Die germanische Frühlingsgöttin Eostra soll nach dem angelsächsischen Gelehrten Beda die Namensgeberin für das Osterfest sein. Eine andere Theorie verweist auf die indogermanische Wurzel im Wort Ostern, die für Morgenröte steht (lateinisch Aurora, altindisch Usra). Die Morgenröte bezeichnet den Osten. Dort steigt die Sonne und mit ihr Licht und Wärme auf.

Andere Frühlingsbräuche sind ebenfalls Bestandteil des Osterfestes geworden, z. B. der Osterhase. Er gilt als ein Fruchtbarkeitssymbol und Frühlingsbote. Allerdings ist seine Beziehung zum Osterfest nicht völlig geklärt.

Beispielsweise war es in Hessen und Westfalen ursprünglich die Aufgabe des Fuchses, die Ostereier zu verstecken, in Böhmen besorgte dies der Hahn und in der Schweiz der Kuckuck.

Das Osterei hat sowohl heidnische als auch jüdische Bezüge. Das Ei steht in vielen Kulturen und Religionen für Wachstum und Vollkommenheit. Jüdisch am Osterei ist, dass es ein traditioneller Bestandteil des Seder- oder Passahmahles ist. Eier zu bemalen war aber schon lange vor dem Osterei üblich. Bereits im alten Ägypten und in China hatte man Freude daran. Eine besonders gewichtige Rolle spielt das Osterei in der slawischen Kultur, man denke an die einzigartigen Eier des St. Petersburger Juweliers Carl Fabergé aus Elfenbein, Edelsteinen und Gold. Heute ist Schokolade zum populärsten Grundstoff für das Osterei geworden.

Mai

Die Himmelfahrt Christi

im Schatten des Osterfestes:

Was Himmelfahrt mit Ostern verbindet und was man unter „Himmel" alles verstehen kann.

Als ich in den Himmel sprang

Serkan und ich sahen nach oben.

„Drei Meter. Von hier unten sieht es gar nicht so hoch aus", sagte er und schluckte.

Die Pfingstferien hatten begonnen und wir waren im Freibad verabredet. Sobald es einigermaßen warm ist, bin ich im Freibad. Ich finde es da einfach herrlich: das blaue Wasser, der typische Schwimmbadgeruch nach Pommes mit ein bisschen Chlor und natürlich die Sprungbretter.

„Eigentlich nicht so hoch", stimmte ich zu.

„Aber du musst deine eigene Größe dazuzählen. Du kommst auf jeden Fall auf über vier Meter."

„Ich mag das Einmeterbrett lieber", gab ich zu. Ich beobachtete ein kleines Mädchen, das kerzengrade vom Dreier sprang. Es spritzte kaum auf, als es ins Wasser tauchte. Wenn man vom Dreier springt, darf es nicht spritzen. Im Gegensatz zum Einer. Da muss es richtig platschen. Am besten über den Beckenrand bis zu den Mädchen.

„Schau, einer aus der zehn." Serkan zeigte auf einen Kerl mit roten Haaren aus der zehnten Klasse bei uns an der Schule. Er nahm Anlauf, hüpfte auf dem Einerbrett und ließ sich wie ein Steinbrocken ins Wasser plumpsen. Eine Fontäne rauschte nach oben.

„Respekt!", sagte Serkan. „Bis du schon mal gesprungen?"

„Natürlich! Wir haben letztes Jahr einen Synchron-Bauchplatscher vom Einer hingelegt, hast du das vergessen? Dann hat uns der Bademeister aus dem Wasser geholt."

Serkan grinste bei der Erinnerung.

„Japp, das war toll! Aber ich meine, ob du schon mal vom Dreier gesprungen bist."

Ich sah zum Turm hinüber. Das kleine Mädchen kletterte die Leiter hoch und stellte sich in der Reihe der Wartenden an. Der Himmel war strahlend blau. Ich legte mich auf die warmen Steine, betrachtete die weißen Wolken und stellte mir vor, dass ich statt ins Wasser in den Himmel sprang.

„Nein, bin ich noch nicht", gab ich zu.

„Traust du dich nicht?" Serkan legte sich neben mich, schloss die Augen und tat, als hätte er das einfach so dahin gesagt.

„Ich weiß nicht, ob ich's mich traue. Ich hab's ja noch nicht versucht", erwiderte ich ehrlich.

„Ich bin schon mal heruntergesprungen. Der Dreier ist gar nicht so schlimm. Aber der Fünfer. Du musst ja immer noch deine eigene Größe dazurechnen."

Ich antwortete nicht. Stattdessen beobachtete ich, wie das kleine Mädchen über das Sprungbrett trippelte, kurz mit den Armen wedelte und hinabhopste. Plitsch!

„Ich mach's", sagte ich.

„Du musst nicht, wenn du nicht willst", meinte Serkan.

„Ich mach's", sagte ich noch einmal. Mir gefiel der Gedanke, in den Himmel zu springen.

„Das Wichtigste", erklärte Serkan mit ernster Miene und kramte dabei in einer Tüte supersaurer Gummistäbchen nach einem grünen, die besonders supersauer sind, „das Wichtigste ist, dass du nicht nach unten schaust, wenn du die Leiter hochkletterst." Er zog ein Gesicht, als hätte jemand eine Zitrone in seinem Mund ausgepresst. Er schielte sogar ein wenig. „Ni-h-ich na-h-ach uuntn seehn!", befahl er.

„Alles klar", sagte ich und ging zum Turm hinüber. Eine Menge Leute wollten sich von dort hinabstürzen. Zwei Leute standen vor mir an der Leiter. Das kleine Mädchen war auch wieder mit dabei. Es stand tropfend hinter mir und lächelte glücklich. Ich sah nicht nach unten, als ich die erste Sprosse betrat. Es funktionierte. Aber nach etwa zwei Metern tat ich es doch, etwas zwang mich dazu. Ich fand, dass sich im Schwimmbad sehr viele Leute aufhielten und unvorsichtig nahe beim Sprungturm plantschten.

„Du musst weiterklettern", sagte das kleine Mädchen. „Und nicht nach unten sehen!" Mir kam das Dreimeterbrett mit einem Mal recht schmal vor. Ich starrte in den Himmel und setzte einen Schritt nach dem anderen die Leiter hinauf. Man konnte auf den Sprossen eigentlich nicht ausrutschen. Die Leiter war fast eine Treppe und ein schwarzer Belag auf den Sprossen verhin-

Die Himmelfahrt Christi – im Schatten des Osterfestes

derte, dass man abglitt. Trotzdem schien es mir gut, mich nur sehr vorsichtig nach oben zu bewegen.

„Hast du Angst?", fragte der unverschämte Zwerg hinter mir. Ich gab keine Antwort, sondern hielt meinen Blick auf das Ende der Leiter über mir gerichtet. Der Rothaarige aus der Zehnten stand auf dem Brett bereit. Er spazierte zur Kante, legte die Arme fest an seinen Körper, gab ein komisches Schnauben von sich, dann sauste er hinab. Ich schaute über die Schulter und prüfte, ob es einen Fluchtweg gab. Der Mädchen-Zwerg grinste mir ins Gesicht und hinter ihm drängelten fünf andere Kinder. Nein, kein Fluchtweg. Serkan lag entspannt am Beckenrand und hob einen Daumen. Er sah sehr klein aus. Das Wasser im Becken leuchtete noch blauer als der Himmel. Ich klammerte mich mit beiden Händen ans Geländer und stieg weiter hinauf, den Blick fest auf die Wolken gerichtet. Das half. Als ich oben angekommen war, wartete ein anderer Junge vor mir, dass er dran kam. Er schien ungeheuer scharf darauf zu sein, vom Dreier zu springen. Als das Brett frei war, nahm er sogar Anlauf. Das hatte ich nicht vor. Ich plante, mich einfach auf den Rand zu stellen und gerade wie ein Stock fallen zu lassen. Mit weichen Knien ging ich zum Ende des Bretts.

Nicht nach unten sehen, dachte ich. Aber wenn man sich mehr als drei Meter über dem Boden aufhält, ist alles, wohin man schaut, unten. Bis auf den Himmel. Ich legte den Kopf in den Nacken. Die Wolken waren weiß und fedrig.

„Mach schon! Ich will auch springen!", piepste der Zwerg vom anderen Ende des Bretts. Ich atmete tief ein und trat einen Schritt vor.

Wenn man vom Dreier springt und dabei in den Himmel schaut, hat man gar nicht das Gefühl, dass man fällt, weil der Himmel so groß ist.

„Und? Wie war's?", fragte Serkan, als wir später auf der Wiese saßen und Pommes verputzten.

„Keine große Sache." Ich tauchte die Spitze einer besonders langen und knusprigen Pommes in mein Curryketchup.

„Wir könnten beide vom Dreier springen", schlug Serkan vor. „Hintereinander, meine ich."

Ich biss in die Pommes.

„Weißt du", sagte ich und blinzelte in die warme Frühlingssonne. „Es war schon ganz o. k. Aber ich glaube, ich bin eher der Einmeterbrett-Typ."

Die Himmelfahrt Christi – im Schatten des Osterfestes

Himmelfahrt wurde ursprünglich nicht als eigenständiges Fest gefeiert. Die Himmelfahrt stand im Schatten des Osterfestes; beider Ereignisse wurde gemeinsam gedacht. Erst im späten 4. Jahrhundert begann Himmelfahrt sich allmählich als eigener Feiertag zu etablieren. Nach biblischer Überlieferung hielt sich der auferstandene Christus 40 Tage bei seinen Jüngern auf, bevor er leiblich in den Himmel auffuhr. Im Glaubensbekenntnis wird dieses Ereignis mit den Worten benannt:

„Aufgefahren in den Himmel. Er sitzt zur Rechten Gottes, des Vaters."

Himmelfahrt ist ein nuancenreicher Feiertag. Zunächst steht die Erhöhung Jesu Christi im Mittelpunkt. Seine Berufung wird nun vollendet, der Kreis schließt sich: Gott wurde in Jesus Mensch, dieser teilte unser Leben und Sterben, überwand den Tod und kehrte zu Gott zurück.

Den „Himmel" kann man als geografischen Ort, als Sphäre, verstehen. Aber ebenso im Sinne der Herrschaft Gottes. Ein anderes Wort für diese Herrschaft ist das „Reich des Himmels". Jesus greift in seinen Gleichnissen auf diesen Ausdruck zurück, z. B. im Gleichnis vom Senfkorn (Matthäusevangelium*, Kapitel 13, Verse 31–32): „Mit dem Himmelreich ist es wie mit einem Senfkorn ... Es ist das kleinste von allen Samenkörnern; sobald es aber hochgewachsen ist, ist es größer als die anderen Gewächse ..." Auch das Glaubensbekenntnis legt diese Deutung nahe, wenn es von Jesus als demjenigen spricht, der „von dort" kommen wird, um die Lebenden und die Toten zu richten.

Die Überlieferung der Himmelfahrt selbst ist mehrdeutig. Der Evangelist Lukas erzählt sie gleich zweimal: einmal als Kurzfassung im Lukasevangelium: „Und während er sie (die Jünger) segnete, verließ er sie und wurde zum Himmel emporgehoben" (Lukasevangelium, Kapitel 24, Vers 51). Dann noch einmal in einer längeren Fassung in der Apostelgeschichte: „Als er das gesagt hatte, wurde er vor ihren Augen emporgehoben, und eine Wolke nahm ihn auf und entzog ihn ihren Blicken. Während sie unverwandt ihm nach zum Himmel emporschauten, standen plötzlich zwei Männer in weißen Gewändern bei ihnen und sagten: Ihr Männer von Galiläa, was steht ihr da und schaut zum Himmel empor? Dieser Jesus, der von euch ging und in den Himmel aufgenommen wurde, wird ebenso wiederkommen, wie ihr ihn habt zum Himmel hingehen sehen" (Apostelgeschichte, Kapitel 1, Vers 9–11). Beiden Fassungen gemeinsam ist, dass mit Himmelfahrt die Geschichte der Gemeinschaft um Jesus nicht zu Ende ist, sondern sich ein Auftrag anschließt.

Der zweite zentrale Aspekt der Himmelfahrt schließt sich an den ersten an: Die Geschichte der Gemeinschaft Jesu geht weiter, indem Jesus den Jüngern eine Aufgabe gibt: „Und er sprach zu ihnen: Gehet hin in alle Welt und predigt das Evangelium aller Kreatur" (Markusevangelium, Kapitel 16, Vers 14). Diese Aufgabe ist der Missionsbefehl. Es gibt Weniges in der Geschichte des Christentums, was mehr missbraucht und missverstanden wurde als der Missionsbefehl. Während Jesus seinen Nachfolgern auftrug, das Evangelium zu predigen, benutzten es manche Vertreter des Christentums als Begründung dafür, anderen die eigene Kultur, die eigenen Werte und letztlich ihre Herrschaft aufzuzwingen, und dies oft mit brutaler Gewalt. Mit der Gottesherrschaft meinte man im Grunde den eigenen Machtbereich. Das führte oft auch zu Gegengewalt. Im 17. Jahrhunderts wehrten sich beispielsweise die Japaner dagegen, indem sie ihr Land 200 Jahre lang abschotteten und die japanischen Christen ihrerseits blutig verfolgten und auszurotten versuchten.

Der Missionsauftrag Jesu an Himmelfahrt begann nicht mit einer Aufforderung an die ersten Christen, für das Evangelium gleichsam loszuschlagen, ganz im Gegenteil: Er begann mit der Aufforderung, zunächst abzuwarten. Dies ist der dritte entscheidende Gesichtspunkt an Himmelfahrt, der zugleich auf das Pfingstfest verweist: Jesus versprach den Jüngern, der Heilige Geist werde sie erfüllen, ermächtigen und ihnen beistehen (Apostelgeschichte, Kapitel 1, Vers 8). Sich der Aufgabe anzunehmen, das Evangelium weiterzutragen, schließt eine Verwandlung der Persönlichkeit ein.

Der Sinn von Himmelfahrt wird begreifbar, wenn man seine verschiedenen Seiten zugleich betrachtet: die Erhöhung Jesu, die allmähliche Verbreitung der Frohen Botschaft von Gottes Himmelreich durch die Mission und die Verwandlung durch den Heiligen Geist, die einen dazu befähigt.

Exkurs   Das Himmelfahrt-Motiv kommt nicht nur im Christentum vor, sondern auch in anderen Religionen. Man findet es bereits in der altägyptischen und griechischen Religion oder dem persisch-römischen

Mithraskult. Im Alten Testament* werden die Himmelfahrten von Henoch (1. Buch Mose, Kapitel 5, Vers 24) und dem Propheten Elija (2. Buch der Könige, Kapitel 2, Vers 11) geschildert. Mohammed wurde in den Himmel gehoben, ebenso Maria, die Mutter Jesu. Auch das Heilige Buch des Islam schildert die Himmelfahrt Jesu. Im Zusammenhang mit der Kreuzigung erklärt der Koran, dass Jesus nur scheinbar hingerichtet, tatsächlich aber statt seiner ein anderer, ihm ähnlich sehender Mann gekreuzigt wurde. Jesus selbst wurde von Gott in den Himmel geholt (Sure 4, Vers 157). Der Koran lehnt sich dabei an eine Vorstellung aus der Zeit der frühen Kirche an, die sich „Doketismus" nannte. Das griechische Wort „dokein" heißt „scheinen". Die Erhabenheit Jesu – der Koran sieht in ihm einen herausragenden Propheten Allahs – wäre nicht glaubwürdig, wenn er gekreuzigt worden und gestorben wäre.

Die liturgische Farbe des Himmelfahrtsfestes ist die Farbe des Lichts: **Weiß** bzw. **Gold**. Das verbindet das Fest sowohl mit Weihnachten als auch mit Ostern. Im Kirchenjahr* wird die Himmelfahrt zum Osterfestkreis gezählt, der mit Pfingsten endet.

Juni

Pfingsten

Die Kirche feiert Geburtstag:

Was der Hauch Gottes auslöste und warum sich die Kirche bis heute mit dem Heiligen Geist schwer tut.

Das Nele-Wunder

Ihr dürft nicht denken, dass ich meine kleine Schwester nicht mag. Ich mag sie sehr. Aber manchmal ist es hart mit ihr. Und heute war es so hart, dass ich die Flucht ergreifen wollte. Aber dann geschah ein Nele-Wunder. Nele fühlte sich nicht wohl. Sie war nicht richtig krank. Aber fit war sie auch nicht. Sie quengelte die ganze Zeit und war ziemlich unzufrieden. Mama sagte, das würde mit der Impfung zusammenhängen, die sie vor ein paar Tagen bekommen hatte.

„Am besten, wir fahren in die Stadt und lenken uns ab", schlug sie vor. „Es findet gerade *das Fest der Nationen* statt. Wir können den Leuten beim Volkstanz zusehen und Schaschlik am Spieß essen."

Ich hielt das für eine gute Idee, besonders das Schaschlik. Mamas Vorschlag schien auch Nele zu gefallen. Sie quengelte zwar, als wir mit der S-Bahn in die Stadt fuhren, aber auf dem Fest lachte sie und lauschte, als ein Mann auf einem Hackbrett spielte. Das ist so ein Instrument wie eine Harfe, die auf einem Tisch liegt und auf die man mit kleinen Stöcken schlägt. Aber irgendwann rieb sie sich vor Müdigkeit ständig die Augen. Statt nun einzuschlafen, wurde sie immer schlechter gelaunt und jammerte die ganze Zeit. Und dann geschah die Katastrophe. Kaum waren wir in die S-Bahn nach Hause eingestiegen, begann Nele zu weinen. Sie weinte lauter und lauter. Mama konnte sie nicht beruhigen. Irgendwann schrie sie.

„Sie ist völlig überdreht", sagte Mama. Ich merkte, dass auch sie immer aufgeregter wurde. Manchmal drehten die Leute ihre Köpfe nach uns. Es war sehr peinlich.

„Wieso kann sie so lange und so laut brüllen?", fragte ich Mama. Meine Frage war ernst gemeint. Nele reicht mir nicht einmal an die Hüfte, aber sie kann länger schreien als irgendjemand, den ich kenne. Mama sah mich nur zornig an. Nele begann so sehr mit ihren Armen und Beinen zu zappeln, dass der Kinderwagen wackelte.

„Sch, sch!", sagte Mama verzweifelt. Nele rastete völlig aus. Ich überlegte, ob ich bei der nächsten Station aussteigen und davonrennen sollte. Aber das wäre ziemlich herzlos Mama gegenüber gewesen und ich und schämte mich für die Überlegung. Die anderen Leute in der Bahn sprachen nicht mehr, bis auf einen großen Mann mit einem struppigen Bart. Er telefonierte. Je lauter Nele brüllte, desto lauter wurde er. Er unterhielt sich in irgendeiner ausländischen Sprache. Manchmal, wenn er nicht verstanden hatte, rief er „Eh? Eh?" Er rief es immer öfter. Mama hatte inzwischen aufgegeben, Nele zu beruhigen. Ich hockte mich vor den Kinderwagen und zog Grimassen. Nele hörte einen Augenblick auf und sah mich erschrocken an. Dann legte sie wieder los.

„Eh?", schrie der Mann mit dem struppigen Bart. Er presste seine Hand auf das freie Ohr und beugte sich etwas vor, als könnte er so besser hören. Plötzlich drehte er sich zu Nele um. Er murmelte irgendetwas in seiner fremden Sprache und nickte ernst.

„Aufgepasst, kleine Kind!", sagte er in komischem Deutsch. Dann holte er tief Luft und begann zu singen. Er hatte eine schöne Stimme. Nele gefiel sie offenbar auch, denn sie wurde leiser. Irgendwann wimmerte sie nur noch ein bisschen und lächelte sogar. Ich weiß nicht, was er sang, es klang wie ein Kinderlied. Nele schlug ihre kleinen, dicken Hände zusammen. Dann verzog sie ihr Gesicht zu einem enormen Gähnen, steckte den Daumen in den Mund und schlief fast sofort ein. Der Mann mit dem Bart grinste und sagte etwas zu Mama in seiner Sprache. Mama lächelte zurück: „Vielen Dank!", sagte sie.

Eine Station später stieg er aus. Ich fragte Mama: „Was war das für eine Sprache, mit der der Mann mit dir geredet hat?"

Mama hob die Schultern: „Ich habe nicht die geringste Ahnung. Aber Nele hat ihn verstanden."

Die Kirche feiert Geburtstag – Pfingsten

Jedes christliche Fest trägt ein bedeutsames Wunder in sich. Im Zentrum von Pfingsten steht das Sprachwunder. Heute allerdings wissen nur noch wenige, was an Pfingsten geschah. Würde man die Leute auf der Straße fragen, wofür Pfingsten steht, erhielte man die unterschiedlichsten Antworten. Die meisten verbinden mit Pfingsten Urlaub und Ferien, mancher kennt Pfingstochsen und einige wenige wissen, dass es ein christliches Fest ist. In der Tat ist Pfingsten nicht einfach zu fassen. Schon in der Alten Kirche* plagte man sich mit seiner Deutung. Zwar wurde es bereits im 2. Jahrhundert als Fest erwähnt, aber es dauerte lange, bis es sich richtig durchsetzte.

Exkurs Die sogenannten Pfingstkirchen sind die jüngsten, erfolgreichsten und am stärksten wachsenden Kirchen weltweit. Entstanden ist die Pfingstbewegung Anfang des 20. Jahrhunderts in den USA aus protestantischen* bzw. evangelikalen* Wurzeln. Pfingst-Christen halten sich sehr eng an die Überlieferung der Heiligen Schrift und nehmen das, was dort über die Wirkung des Heiligen Geistes gesagt wird, für sich in Anspruch. Wie bei vielen protestantischen Kirchen gibt es auch unter den Pfingstgemeinden und den mit ihnen verwandten charismatischen Gemeinden eine große Bandbreite.

Pfingsten ist das Fest des Heiligen Geistes. Damit tat (und tut) sich die Kirche schwer.

Was heißt eigentlich „Geist" bzw. „Gottes Geist" oder „Heiliger Geist"? Das Alte Testament* benutzt die Begriffe Wind oder Atem als bildlichen Ausdruck für den Geist Gottes. „Die Erde war wüst und leer, und es war finster auf der Tiefe und der Geist (oder Atem) Gottes schwebte über den Wassern" (1. Buch Mose, Kapitel 1, Vers 1). Das hebräische Wort für Geist, „ruach", ahmt das Atemholen nach. Der Atem Gottes belebte die Dinge, so wie unser Atem uns belebt. Im Geist äußert sich Gott als einer, der erschafft und wirkt. Wenn wir an etwas besonders lebendig Anteil nehmen, dann sind wir begeistert. Wir brauchen Begeisterung, um etwas Gutes hervorzubringen. Ohne diese Motivation ist das, was wir schaffen, meist nicht besonders gut oder misslingt sogar.

Im Neuen Testament* wird der Geist dem Menschen zur Seite gestellt. Jesus nennt ihn den Beistand. Das griechische Wort dafür ist „parakletos", das bedeutet auch „Tröster" und „Ermahner". Ursprünglich ist „parakletos" ein Begriff aus der juristischen Sprache. Ein Beistand ist ein Anwalt, ein Fürsprecher für die Sache dessen, dem er beisteht. Das lässt sich direkt übertragen: Derselbe Geist, der die Welt ins Leben rief, stellt sich als Fürsprecher an die Seite des Menschen, damit dieser am ewigen Leben teilhat. Das evangelische* Glaubensbekenntnis drückt dies mit folgenden Worten aus:

„Ich glaube an den Heiligen Geist, die heilige christliche Kirche, Gemeinschaft der Heiligen, Vergebung der Sünden, Auferstehung der Toten und das ewige Leben."

Die Formulierung „Gemeinschaft der Heiligen" führt zum Pfingstfest. Der Heilige Geist kam zu einer Gemeinschaft, nicht zu einer einzelnen Person. Mit dieser Gemeinschaft ist zunächst die Gemeinschaft der Jünger* gemeint. Das Wort Kirche im Glaubensbekenntnis bezeichnet keine bestimmte Glaubensrichtung, sondern heißt übersetzt schlicht „das (zum Haus) des Herrn Gehörende". Es ist bewusst allgemein und unbestimmt formuliert.

Exkurs Der Begriff Kirche kommt vom griechischen Wort „kyriakon". „Kyrios" bedeutet „Herr". „Kyriakon" heißt „das zum Herrn gehörende Haus". Mit Haus kann ein Gebäude gemeint sein, aber auch eine Familie oder im weiteren Sinne eine Gemeinschaft. Spricht man heute von Kirchen, meint man die orthodoxen Kirchen des Ostens und die westlichen, abendländischen Kirchen, also die katholische*, die evangelischen Landeskirchen und die evangelischen Freikirchen.

Der auferstandene Jesus Christus hatte seine Jünger aufgefordert, sich an einem Ort in Jerusalem zu versammeln, um den Heiligen Geist Gottes zu erwarten. Sie wussten also, dass etwas Ungeheuerliches sie erwartete. Die Bibel beschreibt das so: Am 50. Tage nach der Auferstehung Jesu überkam sie eine überwältigende innere und äußere Bewegung. Der Geist der Schöpfung kam auf sie herab, hüllte sie ein wie mit Flammen und Brausen und erfüllte sie. Sie traten aus dem Gebäude, in dem sie sich aufgehalten hatten, und predigten zu den Menschen in Jerusalem. Aber nicht nur in ihrer Muttersprache Aramäisch. Jerusalem war an jenem Tag von jüdischen Pilgern aus aller Herren Ländern bevölkert, die das jüdische Erntedankfest „Schawuot" gemeinsam feiern wollten. Alle hörten die Botschaft der Jünger in ihrer eigenen Sprache. Die Botschaft von Jesus Christus war für alle verständlich und zugänglich geworden. Der Name Pfingsten leitet sich von jenen 50 Tagen ab, die die Jünger gewartet hatten. Fünfzig heißt auf Griechisch „pentekoste". Daraus wurde das Wort Pfingsten.

Weil die Jünger und damit die Christen erstmalig an Pfingsten mit ihrem Glauben an Christus an die Öffentlichkeit gingen, wird dieser Tag als Geburtsstunde der Kirche verstanden. Der Geist Gottes befähigte die Jünger dazu, ihren Glauben zu verkünden. Aber er machte aus ihnen keine christlichen Sondermenschen. Auch nach dem Pfingstereignis waren die ersten Christen Juden und blieben es.

Der Heilige Geist trieb die Jünger Jesu an, in Jerusalem die Frohe Botschaft zu verbreiten, und zwar in allen Sprachen. Es gab weder eine Sprachbarriere noch sonst irgendeine Grenze für das Evangelium*. Das betont auch die Pfingstpredigt von Petrus. Lukas, der Verfasser der Apostelgeschichte, überliefert sie. Petrus griff auf eine Verheißung des alttestamentlichen Propheten Joel zurück. Der hatte vorausgesagt, dass Gottes Geist *alles* Fleisch, d. h. Frauen, Männer, Knechte und Herren, erfüllen würde (Joel, Kapitel 3, Verse 1–5 und Apostelgeschichte, Kapitel 2, Verse 14–18).

Im Grunde bürstet das Pfingstfest die Kirche ordentlich gegen den Strich. Gottes Geist geht über Grenzen, während die Geschichte der Kirche oft vom Gegenteil berichtet, vom Aufrichten von Grenzen und von Machtgebaren. Paulus* schrieb über die Wirkung des Heiligen Geistes: „Wo der Geist ist, da ist Freiheit" (2. Korintherbrief, Kapitel 3, Vers 17). Vielleicht ist es das, was die Kirche seit Pfingsten herausfordert: frei zu werden. Denn auch sie bewegt sich oft in engen Bahnen fester Glaubensvorstellungen, Hierarchien und bürokratischem Vorgehen. Die scheinbare Sicherheit, die allzu feste Standpunkte und Strukturen versprechen, bedeutet, dass man sich nicht mehr zu öffnen braucht für das Wirken eben jenes Geistes, der die Kirche doch erfüllen soll.

Die liturgische Farbe des Pfingstfestes ist Rot. Rot steht für den Heiligen Geist. Es ist eine Signalfarbe. Rot warnt, steht aber auch für Vitalität, Wärme und Feuer. Lukas erzählt, dass der Heilige Geist sich an Pfingsten auf die Jünger „wie mit Feuerzungen" niederließ. Er entflammte sie förmlich. Als eine solche heilige Entflammung betrachtet die evangelische Kirche den Thesenanschlag Martin Luthers am 31. Oktober, dem Reformationstag. Zwar ist umstritten, ob Martin Luther seine Thesen selbst an der Tür der Wittenberger Kirche anbrachte, gleichwohl symbolisiert der Thesenanschlag als starkes Bild das Öffentlichmachen seiner Ideen. Auch dem Reformationstag wird die Farbe Rot zugedacht.

Juli

Die Dreifaltigkeitszeit oder Trinitatis

Die stille Zeit im Jahreskreis:

Wie Gott dreifach erscheinen kann und warum sich die Lehre von den drei Erscheinungsformen eines Gottes nur allmählich durchsetzte.

Der Bienenbaum

Es gibt nur wenige Sachen an den Ferien, die ich nicht mag. Genaugenommen nur zwei: dass meine Freunde weg sind und dass wir Koffer packen müssen, wenn wir verreisen wollen. In-die-Ferien-Fahren ist wie Weihnachten: Alle freuen sich drauf, aber vorher machen sie eine Mordshektik. Mama denkt an so vieles, was wir mitnehmen müssen, dass sie ganz vergesslich wird. Sie fragt mich fünfmal, ob ich meine Reisetasche gepackt habe, obwohl ich es schon nach der zweiten Aufforderung erledigt habe. Papa kümmert sich ums Auto: dass es getankt ist, die Reifen aufgepumpt und die Scheiben sauber sind. Zwei Tage vorher beginnt er auf die Verkehrsnachrichten Acht zu geben, damit wir auf dem Weg nach Holland möglichst nicht in einen Stau geraten. Wir machen schon seit Jahren dort Urlaub in einer Ferienanlage für Familien. Sie haben da eine galaktische Riesenrutsche, und man kann am Buffet so viel essen, wie man will und was man will. Einmal habe ich nur Nachtisch gegessen. Es war toll!

„Ich werde mich an den Rand des Planschbeckens setzen und Nele zuschauen, wie sie sich stundenlang Wasser über den Kopf gießt", sagte Papa und schien sich auf diese Aussicht tatsächlich zu freuen. Nele tut es auf jeden Fall. Wenn sie irgendwo im Wasser sitzt, ist sie glücklich. Aber vorher müssen wir durch die Hektik des Sachenpackens.

„Ich komme mir vor, als müsste ich eine Karawanentour durch die Wüste Gobi vorbereiten. Dabei wollen wir nur nach Holland", maulte Mama, während sie dicke Pullover einpackte, falls es kalt werden würde.

„Hast du deine Fleece-Jacke eingepackt?", fragte sie mich.

„Nein, Mama! Ich habe sie nämlich gerade an."

„Entschuldige, weiß nicht, wo mir der Kopf steht. Glücklicherweise schläft Nele", sagte sie.

Wenigstens eine, die ihre Ruhe hat, dachte ich und ging in den Park hinüber. Er liegt nicht weit weg von daheim, nur ein paar Schritte. Es ist kein richtiger Park, sondern nur eine Wiese mit zwei Bäumen und einem kleinen Brunnen. Der Brunnen besteht aus einer großen Kugel aus rotem Stein. Er sieht aus wie ein Apfel. Dort, wo der Apfelstiel ist, kommt das Wasser heraus. Es rinnt über den roten Stein, dass er überall glänzt wie ein kandierter Apfel. Neben dem Brunnen stehen zwei weiße Bänke. Kaum dass die Sonne warm genug scheint, kommen Leute, legen sich auf die Wiese oder sitzen am Brunnen. Jetzt ist natürlich nicht viel los wegen der Ferien. Die ganze Stadt ist ruhig und langsam. Bis auf das Freibad, versteht sich! Da ist richtig viel los. Eigentlich hätte ich mich heute gerne ins Freibad verdrückt. Aber meine Badehosen waren schon eingepackt. Ich legte meine Hände flach auf den Brunnenapfel und ließ mir das Wasser darüber laufen. Es tropfte von meinem Unterarm. Von den Bäumen kam ein Duft herübergeweht, ganz süß, wie Honig. Viele kleine, gelbe Blüten bedeckten das Gras unter den Bäumen. Ich wischte die Hände an meiner Hose ab und schlenderte zu einem der Bäume. Der Geruch nach Honig wurde stärker. Ich schloss die Augen, schob die Zungenspitze zwischen die Lippen und stellte mir vor, ich würde an einem Berg aus Honig lecken. Unter dem Baum legte ich den Kopf in den Nacken und sah zu seiner Krone hinauf. Das Licht schimmerte und blitzte zwischen den Zweigen und Blättern. Wenn ein Wind aufkam, bewegen sich die Äste und es regnete ein paar gelbe Blüten. Ich legte mich auf den Boden und verschränkte die Arme hinter dem Kopf. Dann hörte ich das Geräusch. Ich verstand gar nicht, dass es mir erst jetzt auffiel. Der ganze Baum summte. Zwischen den Blüten flogen Bienen und Hummeln, alles war voll von ihnen. Sogar in den herabgefallenen Blüten am Boden suchten sie nach Nektar. Ich schloss noch einmal die Augen. Das Summen war nicht laut, aber es war überall. Alles war von Summen und Honigduft erfüllt. Ich kam mir vor wie einem Marmeladenglas voll Sommer.

Ich weiß nicht, wie lange ich so unter dem Bienenbaum lag. Eine Biene schwirrte über meinem Gesicht und ließ sich auf meiner Stirn nieder. Ich wartete, bis sie davonflog, dann setzte ich mich auf. Meine Haare, mein T-Shirt und die Jacke waren voller Blüten. Ich ging nach Hause. Papa beugte sich über die Windschutzscheibe und putzte mit einem Schwamm den Fliegendreck herunter.

„Warst du drüben im Park?", fragte er mich.

„Die Bäume sind voller Bienen und Hummeln", antwortete ich.

JULI

„Mama ist drinnen und füttert Nele. Sie ist etwas nervös, weil sie noch nicht alle Sachen zusammengepackt hat. Kannst du mit Nele spielen?"

Ich nickte. „Kein Problem!"

Ich schnappte mir Nele und ging mit ihr zurück in den Park. Nele wollte natürlich zum Brunnen. Aber zuerst stellten wir uns unter den Bienenbaum. Ich nahm sie auf den Arm und sagte ihr, dass sie auf das Summen hören sollte. Sie nahm den Daumen in den Mund und zeigte mit der anderen Hand auf eine Hummel, die von einem Zweig zum anderen schwirrte.

„Klingt schön, was?"

Nele legte ihren Kopf an meinen und lauschte.

Die Dreifaltigkeitszeit oder Trinitatis –

die stille Zeit im Jahreskreis

Der Heilige Geist war schon für die Alte Kirche* eine harte Nuss. Das Christentum versteht sich als Glaube, der einen Gott verehrt, nämlich den Gott, der sich im Alten Testament* Israel gezeigt hat. Doch wie lässt sich das mit der Rede von Gottes Geist bzw. Gottes Sohn vereinbaren? Ist es nun ein Gott oder sind es doch drei? Und ist der Geist Gottes auch der Geist Christi? Es brauchte Jahrhunderte, um diese Fragen zu beantworten. Im berühmten Konzil* von Nicäa wurde schließlich die Lehre von der sogenannten Dreieinigkeit oder Trinität auf den Weg gebracht. Sie besagt, dass sich in Gott-Vater, Gott-Sohn und Gott-Geist derselbe Gott in verschiedener Weise äußert. So wie wir uns an verschiedenen Lebensorten in unterschiedlichen Rollen zeigen, beispielsweise als Kollege, Vater, Mutter, Tochter, Sohn, Freund usw., aber stets doch der- oder dieselbe bleiben. Mit der Trinitätslehre war der Streit allerdings nicht ausgestanden. Viele Christen, vom Laien bis zum Bischof, akzeptierten sie nicht, weil sie glaubten, dadurch würde die Souveränität Gottes als einziger Gott verletzt. Es brauchte weitere Jahrhunderte, bis sich die Lehre vom dreieinigen Gott durchsetzte.

Die Dreifaltigkeitszeit ist eine ruhige Zeit ohne große Kirchenfeste. Der Sonntag nach Pfingsten ist der Dreifaltigkeit Gottes gewidmet. An diesem Sonntag gedenkt man einer der zentralsten Anschauungen des christlichen Glaubens, nämlich der, dass sich Gott in unterschiedlicher Weise zeigt: als Gott, der Vater, als Gott, der Sohn und im Heiligen Geist. Das griechische Wort hierfür ist „Trinität". Das deutsche Wort Dreifaltigkeit ist eine treffende Übersetzung. Gott entfaltet sich in drei Weisen. So erfuhren die ersten Christen Gott. Er äußerte sich als Vater (Jesus betete das „Vaterunser"), als Sohn Gottes (in Jesus Christus) und im Geist. Damit wird allerdings nur zum Ausdruck gebracht, wie Menschen Gott erfuhren. Doch die Frage, wie diese drei Seins-Weisen *zueinander* in Verhältnis stehen, war noch nicht beantwortet. Diese Antwort ist die Trinität. Der christliche Gelehrte Tertullian formulierte sie erstmalig im 3. Jahrhundert. Er beschrieb Gott als ein Wesen, das sich uns in drei Personen mitteilt. Er wird unterschiedlich wahrgenommen, ist aber Einer.

Die Dreieinigkeitslehre brauchte lange Zeit, um sich durchzusetzen. Immer wieder wurde darüber gestritten und ihretwegen kam es zu Brüchen in der Christenheit; bis heute ist sie nicht unangefochten. Auch der Gedenktag der Heiligen Dreieinigkeit entwickelte sich als allgemeingültiges Fest erst spät, nämlich im 14. Jahrhundert in der westlichen Kirche. Benediktiner-Mönche begingen Trinitatis bereits im 9. oder 10. Jahrhundert. Doch die offizielle katholische* Kirche mit dem Papst an der Spitze sah keinen Anlass, ein Trinitatis-Fest für alle allgemeinverbindlich vorzuschreiben. Es ging nicht darum, die Trinitätslehre zu hemmen. Man sah nur einfach keine Notwendigkeit, einen speziellen Tag einzurichten. Man bekreuzigte sich im Namen des dreieinigen Gottes, Kinder wurden auf den Namen des Vaters, des Sohnes und des Heiligen Geistes getauft, der Gottesdienst begann in dieser Weise. Die Trinität war überall gegenwärtig. Erst Papst Johannes XXII. widmete 1334 den Sonntag nach Pfingsten der Dreieinigkeit.

Exkurs Die Sekte* der Zeugen Jehovas lehnt die Trinitätslehre als unbiblisch und heidnisch ab. Ihre Begründung: Jesus hat keine Gemeinsamkeit mit Gott, vielmehr ist er der Mensch gewordene Erzengel Michael. Er starb am Pfahl und wurde durch die Auferstehung von Gott für sein „Loskaufopfer" belohnt. Die christlichen Feste Ostern und Weihnachten werden, weil sie heidnischen Ursprungs sind, von den Zeugen Jehovas nicht gefeiert.

Bis heute ist Trinitatis ein unsichtbarer Festtag. Mit ihm beginnt im Kirchenjahreskreis die stille oder festlose Zeit. Die Wochen zwischen Pfingsten und Totensonntag werden, sieht man von Erntedank und vom Buß- und Bettag ab, von keinem Kirchenfest unterbrochen. Die Sonntage nach dem Trinitatisfest werden einfach durchgezählt. Sie haben keinen Namen, aber traditionell sind sie bestimmten Themen des Glaubens gewidmet, z. B. Taufe, Trost, Kirche und Welt etc. Die Trinitatiszeit stimmt weitestgehend mit unserer Urlaubs- und Ferienzeit überein. Es geht insgesamt ruhiger zu.

Trinitatis und die ihm folgenden Sonntage tragen liturgisch die Farbe **Grün**, die Farbe des Wachstums und Reifens. Da sowohl das Erscheinungs-

Die Dreifaltigkeitszeit oder Trinitatis – die stille Zeit im Jahreskreis

fest Epiphanias zu Beginn des Jahres als auch die Dreifaltigkeitszeit, die aus bis zu 27 Sonntagen besteht, durch Grün bezeichnet werden, ist dies die Farbe, die im liturgischen Farbkreis vorherrscht.

JULI

Oktober

Erntedank

Fast Food zum Trotz:

Warum Dankbarkeit glücklich macht und zum Dasein in der Welt gehört.

Buß- und Bettag

Der Gewissenstag:

Was Martin Luther unter Buße verstand, hat nichts mit einem schlechten Gewissen zu tun hat.

Erntedank-Kakao

Ich hatte schlechte Laune. Und Oma war mir auch keine Hilfe.

„*Wie* heißt er?", fragte sie.

„Spiderman", antwortete ich mürrisch. Oma grinste.

„Das war eine richtige Schnapsidee, das weißt du schon!"

„Ich hatte eben keine Lust", sagte ich.

Im Religionsunterricht kam das Thema Erntedank dran, weil Ende der Woche Erntedankgottesdienste in allen Kirchen gefeiert wurden. Frau Wollenschläger, meine Religionslehrerin, fragte, was uns zu Erntedank einfallen würde. Mir fiel nichts ein. Sie fragte, für was wir uns bedanken könnten. Mir fiel immer noch nichts ein. Dann gab sie uns die Aufgabe, das, wofür man an Erntedank danken kann, zu malen. Sie legte jedem ein Blatt auf den Tisch und ein paar von den eifrigen Mädchen fingen sofort an, Birnen, Trauben und Äpfel zu malen. Mein Blatt blieb weiß. Äpfel und Birnen liegen bei uns in der großen Glasschale auf dem Tisch. Meistens auch Bananen. Ich bin nicht so ein großer Obst- und Gemüse-Fan. Mama will, dass ich Äpfel esse. Sie schneidet Äpfel in kleine Stückchen und füttert Nele damit. Nele mampft einen Apfelschnitz nach dem anderen.

„Früher mochtest du das sehr", sagt Mama. Das war eben früher. Heute mag ich Pommes und Schnitzel.

Mein Blatt war immer noch leer. Frau Wollenschläger teilte uns mit, dass sie in drei Minuten unsere Bilder einsammeln würde, damit wir darüber sprechen könnten. Ich stellte mir vor, wie mein weißes Blatt zwischen Gemälden von Äpfel, Birnen und Bananen hing. Schnell malte ich etwas. Ich malte Spiderman. Etwas anderes fiel mir einfach nicht ein.

Oma grinste noch mehr.

„Also hingen dann Bilder von Äpfel, Birnen, Bananen und Spiderman an der Tafel?"

„Jelena Müller hat einen Käse gemalt", sagte ich.

„Und was hat deine Religionslehrerin gesagt?"

„Nicht sehr viel. Sie hat gefragt, wer das wäre. Und ich habe geantwortet: ‚Das ist Spiderman.' Sie hat gesagt: ‚Gut gezeichnet', und dann hat sie sich mit Jelena über ihren Käse unterhalten. Die anderen haben gekichert. Fanden es unheimlich witzig", antwortete ich mürrisch.

Oma lachte laut. Sie war mir wirklich gar keine Hilfe.

„Natürlich fanden sie es komisch, was hast du denn gedacht?", sagte sie.

„Als ich so alt wie du war, konnte ich ziemlich schnell sagen, für was ich dankbar war. Es war ja Krieg und es gab nicht viel. Meine Mutter und ich halfen dem Bauern auf dem Acker, Kartoffeln zu ernten. Dafür durften wir uns dann welche mit nach Hause nehmen. Kartoffeln sind gut. Aber noch lieber haben wir natürlich gespielt. Viel Spielzeug hatten wir nicht. Meistens haben wir es auch selbst gemacht. Puppen aus Stoffresten, also aus solchen Resten, die man wirklich nicht mehr zum Nähen und Flicken verwenden konnte. Flitzebögen aus Haselnussästen. Drachen aus Stöcken, Papier und Bindfaden. Es hat Spaß gemacht, damit zu spielen, aber genauso, die Spielsachen zusammenzubasteln."

„Du hast selbst einen Drachen gebaut?", fragte ich.

„Oh ja, ich war ziemlich geschickt", antwortete Oma. „Wenn man nicht viel hat, dann ist man dankbar für das, was man hat. Nicht, weil es so wenig ist. Sondern weil man den Überblick nicht verliert."

„Warst du arm?", wollte ich wissen.

„Alle waren arm. Der Krieg hat uns arm gemacht. Aber gespielt haben wir trotzdem. Soll ich dir zeigen, wie man einen Drachen bastelt? Wir können ihn zusammen steigen lassen, so wie vergangenes Jahr, erinnerst du dich?"

„Klar erinnere ich mich", sagte ich zu Oma.

Ich dachte gerne daran, obwohl die Schnur gerissen und der Drache davongeflogen war. Oma ging zu ihrem Küchenschrank, zog die Schubladen auf und suchte. Sie warf Dinge nicht gerne weg. Sie bewahrte sie auf. Bleistiftstummel, Korken, Gummis von Marmeladengläsern, Streichholzschachteln, bei denen die Reibefläche noch nicht abgeschabt war, Knöpfe – ich kenne niemanden, der so viele Knöpfe hat wie Oma –, Wollfäden, Tuben mit Klebstoffresten und noch viel mehr. Als ich klein war, stellte ich mich gerne auf einen Schemel und kramte in Omas Schubladen. Ich legte die Knöpfe zu Bildern. Mit Knöpfen konnte ich mich wirklich sehr lange beschäftigen.

Dass ich sie so mag, habe ich vermutlich von Oma.

„Ich weiß noch, dass es ein ziemlich kalter Tag war. Aber du hattest einen dicken Schal um." Oma bückte sich und zog ein paar Holzstangen zwischen dem Küchenschrank und der Spüle hervor.

„Wofür habe ich die aufbewahrt?", sagte sie zu sich selbst. „Ich glaube, ich wollte den Efeu daran hochbinden. Jetzt wird ein Drache daraus." Sie nahm alles, was sie gefunden hatte, und legte es auf den Küchentisch.

„Also, es war ein prima Tag gewesen."

Ich nickte.

„Du hättest einen Drachen malen können statt dieses Spidermans", meinte sie. „Für einen schönen Tag kann man dankbar sein."

„Oder für Kartoffeln", erwiderte ich.

„Richtig! Kartoffeln stillen den Hunger, und es ist nicht schwer, welche zu malen." Oma legte die beiden Holzstäbe über Kreuz und umwickelte sie mit einem starken Zwirn. „Ich bin dankbar für die Decke, die wir beide aus Wollresten gehäkelt haben. Sie liegt drüben im Schlafzimmer und sieht hübsch aus. Außerdem hält sie warm. Für was bist du dankbar?"

Sie zerschnitt eine alte Plastiktüte an den Seiten und faltete sie auseinander. Ich überlegte. Mir fiel der duftende Bienenbaum im Park ein, unter dem ich gestanden hatte, kurz bevor wir in den Urlaub gefahren waren.

„Ferien", wollte ich antworten, dann „Honig", aber schließlich sagte ich „Nele". Es war schön gewesen, ihr den Bienenbaum zu zeigen.

„Nele, das ist gut. Für Nele bin ich auch dankbar. Und natürlich für dich." Oma legte das Holzkreuz auf die Tüte und überlegte.

„Ich muss die Folie zuschneiden. Als Kinder nahmen wir Papier. Festes Ölpapier, in dem vorher etwas anderes eingewickelt war. Das Papier roch danach, aber es eignete sich sehr gut für Drachen."

Sie schnitt große Stücke von den Ecken der Tüte ab. Dann legte sie die Kanten um, bis sie die äußeren Enden der Holzstäbe berührten.

„Nimm etwas von dem alten Kleber und verteile es hier und hier. Die Ränder müssen etwas stabiler sein, sonst reißen sie ein."

Ich quetschte aus den Tuben die letzten Reste Klebstoff und bestrich die Stellen, die Oma mir gezeigt hatte.

„Jetzt muss der Klebstoff trocknen." Oma stellte ein paar Gläser aus dem Küchenschrank auf die Ränder. „Ich schneide uns einen Apfel klein. Ich habe Appetit darauf." Sie teilte einen grünen, dicken Apfel in einzelne Stücke und entfernte das Innere. Er schmeckte lecker, säuerlich, süß und frisch zugleich.

Dann erinnerte sich Oma, dass sie einmal nach einem Erntedankgottesdienst ein Stück Wurst geschenkt bekam. „Das war etwas Besonderes. Vor den Tisch in der Kirche hatten die Leute Körbe mit Äpfeln, Kartoffeln und Rüben, dicke Kürbisse und Flaschen mit Most gestellt. Das war nicht nur Schmuck, es wurde nachher verteilt und gegessen. Es waren auch ein paar Würste dabei. Harte, dunkle, würzige Würste. Wir Kinder bekamen alle ein Stück Wurst. Es war nicht viel, aber sie schmeckte herrlich. Ich musste ordentlich kauen, so hart war sie."

Oma kerbte die Enden der Stäbe vorsichtig mit einem Messer ein und band ein Stück Kordel um das Holzkreuz zu einem Rahmen. Sie drückte die Enden der Kordel zusammen und ich machte einen festen Knoten. Oma legte die zugeschnittene Tüte um den Rahmen und ich klebte die Falten um die Kordel.

„Eine fliegende Einkaufstüte", stellte ich fest.

„Man kann eine Menge neuer Sachen aus alten Dingen machen", sagte Oma.

Ich stimmte ihr zu. „Ich benutze Papas alte T-Shirts als Nachthemden und Mama hat einmal aus zerbrochenen Schokoladenweihnachtsmännern neue gemacht. Sie hat die Schokostücke in einen Kuchenteig gerührt und ihn gebacken. Aus dem Kuchen hat sie dann Weihnachtsmänner geschnitten."

„Man muss sich etwas einfallen lassen. Wie die Amsel, die in meinem alten Tannenbaum brütete." Oma hob den Einkaufstütendrachen hoch und betrachtete ihn. „Fehlt nur noch die Drachenschnur, aber die muss ich kaufen. Übrigens Schokolade! Was hältst du von einem Becher Spezial-Kakao?"

Davon hielt ich sehr viel.

Als der Becher mit Omas Kakao vor mir stand, dachte ich, dass ich ja den hätte als Dankegemälde auf das Blatt Papier malen können. Einen Becher zu malen ist kein Problem. Ich trank einen Schluck warmen, süßen Kakao.

„Danke Oma!", sagte ich.

„Bitte sehr!", antwortete sie.

Erntedank – Fast Food zum Trotz

Erntedankfeste gehören, salopp gesagt, zum Standard der Kulturen und Religionen. Die drei israelitischen Hauptfeste, Passah, das Wochenfest Schawuot und das Laubhüttenfest, sind entweder ganz oder teilweise als Erntedankfeste charakterisierbar. Und was wären die Vereinigten Staaten ohne Thanksgiving? Das Erntedankfest amerikanischer Version ist eines der wichtigsten nationalen Feste der USA.

Exkurs Thanksgiving ist für die USA deshalb so bedeutend, weil die Amerikaner es mit der Kolonisierung des Landes in Verbindung bringen. 1621 feierten in Plymouth (Neu-England) die puritanischen Pilgerväter gemeinsam mit Angehörigen der Wampanoag-Indianer drei Tage lang Erntedank. 1777 wurde dieser Tag zum nationalen Feiertag erklärt. Die hohe familiäre Bedeutung, die wir dem Weihnachtsfest beimessen, hat Thanksgiving bei den Amerikanern. Im Thanksgiving-Prayer vor dem Festmahl dankt jeder Angehörige in persönlicher Weise Gott für das, was er im zurückliegenden Jahr Gutes erlebt hat. Im Grunde repräsentiert Thanksgiving diejenigen Dinge, womit sich die Amerikaner am stärksten identifizieren: die Religion, die Familie und die Nation.

Es zeichnete den Menschen früher offenbar aus, das tägliche Brot nicht gedankenlos entgegenzunehmen, sondern mit jemandem zu rechnen, dem man es verdankte. Insofern ist Erntedank nicht nur ein Fest der vollen Scheunen und Keller, es ist auch ein Fest der Beziehung. Wir freilich leben in einer anderen Situation. Wir rechnen mit Fertigpizza und vollen Lebensmittelregalen. Diese Fülle lässt den Dank dafür, was einem doch selbstverständlich und zu jeder Zeit zur Verfügung steht, in den Hintergrund treten.

Erntedank ist das einzige unter den Kirchenfesten, das sich nicht auf den Glauben, sondern unmittelbar auf die Natur bezieht. Im Mittelalter dankte man nach eingebrachter Ernte und segnete die Feldfrüchte. Diese Sitte wurde in den protestantischen* Kirchen übernommen. Der Erntedanksonntag wurde an keinem festgelegten Termin gefeiert, doch ist es Brauch geworden, ihn am ersten Sonntag im Oktober zu feiern.

Ein Überbleibsel früherer Zeiten, in denen Erntedank eine große Rolle spielte, sind Erntedankumzüge. Sie blieben in manchen Städten Deutschlands erhalten, z. B. in Papenburg, Fürth oder Heidenheim. Die beiden größten Volksfeste Deutschlands, der Cannstatter Wasen in Stuttgart und das Oktoberfest in München, finden um diese Zeit statt. Der Cannstatter Wasen hat seinen Ursprung in einer landwirtschaftlichen Leistungsschau, die der württembergische König Wilhelm I. und seine Frau Katharina 1818 ins Leben riefen. Das Landwirtschaftliche Hauptfest findet noch heute alle vier Jahre statt, das nächste Mal 2018. Königlich ist auch der Ursprung des Oktoberfestes, das aber anlässlich der Hochzeit des bayerischen Kronprinzen Ludwig 1810 zum ersten Mal gefeiert wurde, mit Erntedank also nichts zu tun hat.

Das Erntedankfest hat keine eigene liturgische Farbe. Da es zur Trinitatiszeit gehört, wird es ebenfalls durch Grün bezeichnet, was allerdings im Falle von Erntedank besonders symbolreich erscheint.

Buß- und Bettag – der Gewissenstag

Es gibt drei rein protestantische Feiertage: Totensonntag, Reformationstag und Buß- und Bettag. Der Totensonntag ist das evangelische* Pendant zum katholischen* Allerseelen. Der Reformationstag wird traditionell mit einem Abendgottesdienst am 31.10. begangen. In Sachsen ist der Buß- und Bettag noch ein gesetzlicher Feiertag, in den anderen Bundesländern entfiel er Mitte der 1990er-Jahre zugunsten der Finanzierung der Pflegeversicherung. Der Buß- und Bettag liegt auf dem Mittwoch vor dem Totensonntag. Ursprünglich hatte er kein festes Datum, Bußtage wurden in Zeiten der Not begangen. Der erste evangelische Buß- und Bettag fand 1532 statt. Einkehr, Gebet und Besinnung auf das, was man ist, stehen am Buß- und Bettag im Vordergrund. Das Ziel ist nicht, im landläufigen Sinne für etwas zu büßen, also sich selbst zu bestrafen. Ziel ist eine Umwandlung und Erneuerung des Lebens. Buße und Besserung haben die gleiche Wurzel. Es geht darum, sich seiner selbst bewusst zu werden, bevor man sich auf den Weg macht: Mit dem 1. Advent am darauffolgenden Sonntag beginnt das neue Kirchenjahr*. So verstanden entspricht Buße dem Begriff, der im griechischen Text des Neuen Testaments* verwendet wird: „Metanoia" heißt „umdenken".

Buß- und Bettag ist deswegen ein evangelischer Feiertag, weil Buße für Luther eine große Rolle spielte. Für ihn stellte das ganze Leben eines Christen eine Buße dar. Allerdings nicht im Sinne der damaligen katholischen Kirche. Sie machte aus der Buße vorwiegend ein äußerliches Tun. Man verrichtete Bußübungen oder konnte sich durch Ersatzleistungen, den sogenannten Ablass, von Schuld und Bestrafung befreien. Luther verstand die Buße in enger Verbindung mit der Taufe. Mit ihr wurde der Mensch ganz der Gnade Gottes anvertraut. Darauf, auf diese Gnade, sollte er sich besinnen. Buße ist nach dieser Vorstellung ein inneres Geschehen, ein inneres Bewusstwerden, kein äußerliches Werk.

Eben diese Aufforderung zu Besinnung und Einkehr hat die Protestanten entscheidend geprägt. Obwohl Gnade, Evangelium* oder Buße (im Sinne von Besserung) positive Begriffe sind, ist dem Protestantismus eine Neigung zu Ernsthaftigkeit, selbstquälerischer Gewissensbefragung und Verkopftheit eigen. „Mit Ernst, o Menschenkinder, das Herz in euch bestellt, bald wird das

Heil der Sünder, der wunderstarke Held, den Gott aus Gnad allein der Welt zum Licht und Leben versprochen hat zu geben, bei allen kehren ein", dichtete der evangelische Theologe Valentin Thilo 1642 und gab damit den Geist protestantischer Gesinnung wie kein Zweiter trefflich wieder.

Der Buß- und Bettag wird durch die Farbe **Violett** repräsentiert. Damit wird auch die Verbindung zur kommenden Adventszeit hergestellt, die ebenfalls durch Violett bezeichnet wird. Ende und Anfang des Kirchenjahres überschneiden sich farblich.

Anhang

Die Vornamen der Sonntage

Neben den Sonntagen, die einen Fest- oder Gedenktag bezeichnen und von dort ihren Namen ableiten, haben auch diejenigen Sonntage, die den Kirchenfesten folgen bzw. ihnen vorangehen, einen Namen. Der bekannteste unter diesen Sonntagen ist *Quasimodo*. Das ist der Name des Helden in Victor Hugos Romans „Der Glöckner von Notre Dame". Der Adoptivvater des Glöckners nannte seinen Zögling so, weil er ihn am Sonntag *Quasimodo Geniti* auf den Stufen der Kirche Notre Dame in Paris gefunden hatte.

Die Namen der Sonntage entstammen zumeist einem biblischen Vers in der lateinischen Übersetzung. *Quasimodo Geniti* heißt „Wie die neugeborenen Kinder". Er bezeichnet den 1. Sonntag nach Ostern. Seinen Namen hat er aus dem 1. Petrusbrief, Kapitel 2, Vers 2: „Verlangt, gleichsam als neugeborene Kinder, nach der unverfälschten geistigen Milch, damit ihr durch sie heranwachst und das Heil erlangt."

Den Sonntagen einen Namen zu geben geht auf eine Gepflogenheit der Alten Kirche* zurück. Sie bildete sich im 3./4. Jahrhundert nach Christus. Auch die evangelischen* Reformatoren hielten an dieser Tradition fest.

Die Sonntage, die einen Namen besitzen, sind die Sonntage der Fastenzeit vor Ostern, die Sonntage nach Ostern und die Sonntage, die dem Himmelfahrts- bzw. Pfingstfest vorausgehen. Nach Pfingsten wird der Dreieinigkeitssonntag *Trinitatis* gefeiert. Die Sonntage danach haben keinen Namen, sondern werden lediglich gezählt.

Die Sonntage

Name	Bedeutung	Biblischer Vers
Septuagesimae	70 Tage vor Ostern	Beginn der Vorfastenzeit
Estomihi	„Sei mir ein starker Fels!" Psalm 31, Vers 3	(1. Sonntag der Fastenzeit)
Invocavit	„Er ruft mich an, darum will ich ihn erhören."	(2. Sonntag der Fastenzeit) Psalm 91, Vers 15
Reminiscere	„Gedenke, Herr, an deine Barmherzigkeit!"	(3. Sonntag der Fastenzeit) Psalm 25, Vers 6
Okuli	„Meine Augen sehen stets auf den Herrn."	(4. Sonntag der Fastenzeit) Psalm 25, Vers 15
Laetare	„Freut euch mit Jerusalem!"	(5. Sonntag der Fastenzeit) Jesaja 12, Vers 24
Judika	„Schaffe mir Recht, Gott!"	(6. Sonntag der Fastenzeit) Psalm 43, Vers 1
Palmarum	Palmsonntag	Sonntag des Einzugs Jesu in Jerusalem
Quasimodo Geniti	Wie die neugeborenen Kinder	(1. Sonntag nach Ostern) 1. Petrus 2, Vers 2
Misericordias Domini	Voll der Güte des Herrn ist die Erde.	(2. Sonntag nach Ostern) Psalm 33, Vers 5
Jubilate	Jauchzet Gott, alle Lande!	(3. Sonntag nach Ostern) Psalm 66, Vers 1
Kantate	Singet Gott ein neues Lied!	(4. Sonntag nach Ostern) Psalm 98, Vers 1
Rogate	Betet!	(5. Sonntag nach Ostern) Psalm 66, Vers 2
Trinitatis	Dreieinigkeitssonntag	

Glossar

Alte Kirche
Als Alte Kirche bezeichnet man die Kirchengeschichte, die vom Urchristentum bis zum Kirchenvater Gregor dem Großen (6. Jahrhundert) reicht. Jener Gregor ist der letzte Kirchenvater, der sowohl von der Kirche im Westen (Rom) als auch von der des Ostens (Byzanz bzw. Konstantinopel) anerkannt wird. In den Folgejahrhunderten sonderte sich die West- oder katholische Kirche von den Ost- oder orthodoxen Kirchen immer mehr ab.

Altes Testament
Kommt vom lateinischen Wort „testari", d. h. „bezeugen". Das Alte Testament „bezeugt" die Geschichte des Volkes Israel und seine Beziehung zu Gott. Israel wird von Christen auch als „Altes Bundesvolk" bezeichnet, denn Gott schloss laut biblischer Überlieferung am Berg Sinai einen Bund mit Israel. Das griechische Wort für Altes Testament ist „diatheke" (= „Bund"). Das Alte Testament stellte für die frühen Christen die Heilige Schrift dar. Es wurde später durch das Neue Testament ergänzt.

Apostel
Griechisch für „Gesandter". Als Apostel wurden diejenigen bezeichnet, die gemäß der Bibel persönlich von Jesus ausgesandt wurden, das Evangelium zu verbreiten. Die Apostel waren Augenzeugen und deshalb galt ihr Zeugnis als grundlegend für die frühe Christenheit.

Dogma
Das griechische Wort „Dogma" kann man mit „Lehre" übersetzen, aber auch mit „Lehrmeinung", „Grundsatz" oder „Bekenntnis". Dogmen entstehen durch gemeinsames Nachdenken über den Glauben. Sie sind keine Erkenntnisse im wissenschaftlichen Sinne, sondern Entscheidungen über die rechtmäßige Lehre.

Evangelikal
Der Evangelikalismus bildet keine eigene Kirche oder Gemeinschaft. Er ist eine protestantische Bewegung, deren Wurzeln im deutschen Pietismus und

im englischen Methodismus liegen. Evangelikale Christen leben sehr bewusst ihren Glauben nach biblischen Maßstäben. Sie werden häufig als christliche Fundamentalisten bezeichnet. Tatsächlich gibt es aber eine große Bandbreite unter den evangelikalen Christen. Richtig ist allerdings, dass viele evangelikale Christen konservative Werte vertreten.

Evangelisch

Bei den protestantischen Christen spielen die vier Evangelien bzw. die Bibel die entscheidende Rolle. Deshalb werden Protestanten in deutschsprachigen Ländern auch als Evangelische bezeichnet. Außerhalb der Bibel gibt es für sie nichts, was eine Autorität für die christliche Lehre und den christlichen Glauben beanspruchen könnte.

Evangelium

Zu Deutsch „Frohe Botschaft" oder moderner ausgedrückt „Gute Nachricht". Botschaften der römischen Kaiser an ihre Untertanen wurden als Evangelium bezeichnet. Markus, der das erste Evangelium verfasste, übertrug diesen Begriff auf die Botschaft von Jesus Christus. Es gibt vier Evangelien im Neuen Testament: von Matthäus, Markus, Lukas und Johannes.

Jünger

Nachfolger oder Schüler eines Lehrers. Das deutsche Wort stammt vom althochdeutschen „Jungiro", „Lehrling". Jesus wurde als Lehrer angesehen, jüdisch „Rabbi". Auch Johannes der Täufer hatte Jünger. Es war in der Antike nichts Ungewöhnliches, dass Gelehrte Schüler um sich versammelten, um durch gemeinsames Leben und Gespräch ihre Lehre an sie weiterzugeben.

Katholisch

Das griechische Lehnwort bedeutet eigentlich „allgemein" oder „umfassend". Die katholische Kirche und ihre Teilkirchen unterstellen sich dem Primat des römischen Papstes. Die Bezeichnung „römisch-katholisch" geht auf die Reformation zurück. Die katholische Kirche versteht sich selbst als Universalkirche, also als diejenige Kirche, der alle Christen angehören sollten. Die protestantischen Kirchen werden von ihr nicht als gleichberechtigt anerkannt. Zur katholischen Kirche gehören u. a. einige Kirchen des Ostens, z. B.

die armenisch-katholische und die chaldäisch-katholische Kirche (Irak). Diese Kirchen haben sich nicht dem Patriarchen von Konstantinopel (heute Istanbul) unterstellt, sondern dem Papst in Rom.

Kirchenjahr

Das Kirchenjahr oder liturgische Jahr bildete sich im Laufe von Jahrhunderten um die Festkreise von Ostern und Weihnachten. Es wird sowohl in den westlichen Kirchen (katholisch und protestantisch) wie in den Kirchen des Ostens gefeiert. Dieselben Feste haben in den Kirchen des Westens und Ostens unterschiedliche Termine, da sie nach verschiedenen Kalendersystemen berechnet werden.

Kloster

Klöster entstanden unter den ersten christlichen Einsiedlern oder „Eremiten". Der Begriff Kloster kommt vom lateinischen „claustrum", was „abgeschlossen" bedeutet. Aus den Einsiedeleien entwickelten sich nach und nach in den Kirchen des Ostens wie des Westens größere Gemeinschaften von Männern (Mönchen, von griechisch „monachos" = „allein") und Frauen (Nonnen, vermutlich von kirchenlateinisch „nonna" = „Erzieherin").

Konzil

Wörtlich „Zusammenkunft", „Treffen". Alles, was die Dinge des Glaubens betrifft, wird in Konzilien entschieden. Ein Konzil ist eine Zusammenkunft von Kirchenoberhäuptern und -gelehrten, die eine Entscheidung treffen wollen. Das erste bedeutende Konzil überliefert der Evangelist Lukas in seiner Apostelgeschichte: Die Apostel versammelten sich in Jerusalem, um zu klären, ob Nichtjuden, die sich zu Jesus Christus bekannten, sich an die jüdischen Gesetze halten sollten. Man kam überein, dass sie das nicht mussten. Das griechische Synonym für das lateinische Konzil lautet „Synode".

Neues Testament

Im Laufe von vier Jahrhunderten kristallisierten sich aus der Fülle an Berichten und Briefen des Christentums 27 Schriften heraus, die im Neuen Testament zusammengefasst wurden. Das Alte und das Neue Testament ergeben zusammen die „Bibel" (von griechisch „biblia" = „Bücher"). Gelegentlich ist auch die Rede vom „Kanon der Schriften". „Kanon" (griechisch) heißt „Maß" oder „Maßstab". Im Zusammenhang mit der Bibel bedeutet dies, dass die Bücher der Bibel die Grundlage oder den Maßstab für den Glauben bilden.

Orthodox

Der griechische Begriff bedeutet rechtgläubig. Während der Entwicklung der christlichen Lehre bildete sich eine Fülle von Lehrmeinungen. Orthodox bezeichnete diejenigen Lehren, die als „richtig" („orthos") angesehen wurden, im Gegensatz zu den als Irrlehren (Häresien) eingestuften Meinungen. Seit etwa dem 7. Jahrhundert entfernten sich die West- oder katholische Kirche und die Ost- oder orthodoxen Kirchen in Bezug auf ihre Lehrmeinungen immer weiter voneinander, bis 1054 n. Ch. eine endgültige Trennung (griechisch „Schisma") vollzogen wurde. Grund für diese Spaltung, die man als das „große morgenländische Schisma" bezeichnet, waren nur vordergründig theologische Differenzen. In Wirklichkeit ging es um die Frage, wer das Oberhaupt der Christenheit war, der Patriarch von Konstantinopel oder der Patriarch von Rom, also der Papst. Patriarch Michael I. von Konstantinopel beanspruchte diese Stellung, Papst Leo IX. in Rom wollte die Machtposition des Papsttums im Westen nicht aufgeben. Schließlich schlossen die beiden Oberhäupter einander gegenseitig aus der Kirche aus. Das war das Ende der Reichskirche, die seit Konstantin dem Großen bestand. Nach der Teilung der Kirche in eine westliche katholische und östliche orthodoxe Tradition werden als orthodoxe Kirchen diejenigen benannt, die sich dem Patriarchat von Konstantinopel unterstellt haben, z. B. die griechisch-orthodoxe oder die finnisch-orthodoxe Kirche.

Paulus

Eigentlich Saul von Tarsos. Saul stammte aus einer alten jüdischen, strenggläubigen Familie. Er war hochgebildet, sprach neben seiner Muttersprache Griechisch auch Hebräisch, Aramäisch und vermutlich Lateinisch. Zudem besaß er das römische Bürgerrecht, was ihn heraushob, da er gewisse Privilegien beanspruchen konnte, die römischen Bürgern vorbehalten war, z. B den Kaiser anrufen zu können, wenn er des Hochverrates angeklagt wurde. Saul war ein fanatischer Gegner der Christen und verfolgte sie mit großem Hass. Der Überlieferung nach begegnete ihm der auferstandene Jesus Christus. Dieses Ereignis veränderte ihn vollkommen: Er ließ sich taufen und nahm den Namen Paulus an. Das könnte ein Wortspiel mit dem griechischen Begriff „paulos" = „klein", „gering" sein. Paulus sah sich als den Geringsten unter den Aposteln, weil er die Christen einst verfolgt hatte.

Pharisäer

Die Pharisäer waren eine Gruppe äußerst gesetzestreuer Juden und zur Zeit Jesu sehr einflussreich. Paulus beispielsweise war ursprünglich ein Pharisäer gewesen. Das hebräische Wort, das dem Namen Pharisäer zugrunde liegt, bedeutet „abgesondert" oder „elitär". Die Pharisäer hielten sich von gewöhnlichen Glaubensgenossen und erst recht von Angehörigen fremder Völker fern. Jesus kritisierte die Pharisäer scharf, und zwar aus ähnlichen Gründen wie die Schriftgelehrten: Sie stellten die strenge Befolgung der Vorschriften über alles andere. Aber Jesus hatte auch Anhänger unter ihnen. Weil die Pharisäer und Schriftgelehrten ebenso wie die politische Elite in Judäa ihre religiösen Grundsätze und ihren Einfluss durch Jesus bedroht sahen, suchten sie ihn aus dem Weg zu räumen. Sie verklagten ihn wegen Hochverrats vor dem römischen Gouverneur von Judäa, Pontius Pilatus, denn nur der römische Gouverneur hatte das Recht, die Todesstrafe zu verhängen. Die für Hochverrat vorgesehene Strafe war die Kreuzigung.

Protestantisch

Protestantisch ist ein Synonym für reformatorisch und evangelisch. 1529 wollte Kaiser Karl V., während des Reichstags zu Speyer vertreten durch seinen Bruder Ferdinand, diejenigen Reichsfürsten unter das Dach der katholischen Kirche zurückbringen, die sich an Martin Luthers reformatorische Lehren hielten. 14 evangelische Reichsstädte und -fürsten protestierten dagegen und weigerten sich, Ferdinands Befehl zu gehorchen und zum katholischen Glauben zurückzukehren. Darunter waren bedeutende Herrscher wie der Kurfürst von Sachsen, der Landgraf von Hessen und der Markgraf von Brandenburg sowie einflussreiche Reichsstädte, z. B. Nürnberg oder Straßburg.

Sakrament

Ursprünglich war das lateinische Wort „sacramentum" ein militärischer Begriff, der in den religiösen Bereich übertragen wurde. Ein Sacramentum war die heilige Weihe bzw. der Treueeid eines römischen Soldaten. In der lateinischen Übersetzung des griechischen Neuen Testamentes wurde Sacramentum für das griechische Wort „mysterion" = „heiliger" oder „geheimnisvoller Ritus" verwendet. In einem Sakrament erfährt der Glaubende Gottes heiliges und zugleich geheimnisvolles Handeln. In den Kirchen werden unterschiedliche Sakramente gezählt. Während die Protestanten nur zwei biblische Sakramente kennen, nämlich Taufe und Abendmahl, zählen die katholische und die orthodoxen Kirchen fünf weitere Handlungen zu den Sakramenten: die Firmung, die Beichte, die Ehe, die Priesterweihe und die Krankensalbung.

Schriftgelehrte

Jüdische Theologen, die sich als scharfsinnige Kenner des Alten Testaments auszeichneten. Sie hatten großes Ansehen und wurden mit dem Ehrentitel „Rabbi" = „Lehrer" angesprochen. Schriftgelehrte konnten Angehörige jüdischer Glaubensströmungen sein, z. B. der Pharisäer. Sie konnten auch zur Gruppe der Tempelpriester gehören, zu den sogenannten Leviten. Jesus stand den Schriftgelehrten häufig sehr ablehnend gegenüber, da er ihnen Unaufrichtigkeit und Eitelkeit unterstellte.

Sekte

Der Begriff „Sekte" stammt aus dem Lateinischen und bedeutet „abgeschnitten". Eine Sekte hält an bestimmten Lehren oder Riten fest, die sie von einer anderen Gemeinschaft trennen. Im Judentum galten die Pharisäer als Sekte, weil sie sich streng an die jüdischen Gesetzesvorschriften hielten. Sie waren ihres frommen Lebenswandels wegen sehr angesehen. Sekte im christlichen Sinn ist ein abwertender Begriff, da sich die Angehörigen einer Sekte von den allgemein geltenden Bekenntnissen der Kirche trennten, z. B. von der Trinität, der Offenbarung Gottes in der Bibel oder seiner Verehrung als einziger Gott.

Verwendete Literatur

Manfred Becker-Huberti, Heiliger Martin,
http://www.heiliger-martin.de/geschichte/index.html.

Die Bibel, Einheitsübersetzung, Freiburg u. a. 1980.

Die Bibel nach der Übersetzung von Martin Luther, Stuttgart 1984.

Bibel von A bis Z, Wortkonkordanz zur Lutherbibel 1984, Stuttgart 1986.

Evangelisches Gesangbuch, EKG, Ausgabe für die Evangelische
Landeskirche in Württemberg, Stuttgart 1996.

Evangelisches Lexikon für Theologie und Gemeinde, ELThG,
Wuppertal 1992.

Jacob und Wilhelm Grimm, Deutsches Wörterbuch, München 1984.

Thomas Großbölting, Der verlorene Himmel, Göttingen 2013.

Bengt Hägglund, Geschichte der Theologie, 2. Auflage, Gütersloh 1993.

Thomas Hauschild, Weihnachtsmann – die wahre Geschichte, Frankfurt
2012.

Wolf-Dieter Hauschild, Lehrbuch der Kirchen- und Dogmengeschichte,
Bd. I, Gütersloh 1995.

Kurt Hutten, Seher, Grübler, Enthusiasten, 14. Auflage, Stuttgart 1982.

Martin Kiefhaber, „Man kann Christ sein nur im Gegensatz", Kierkegaards
theologische Zeitdiagnose, MFThK, 5. Mai 2013, S. 3.

Søren Kierkegaard, Philosophische Bissen, Hamburg 1989.

Christiane Köhler, Immergrün und vielbesungen, http://www.br.de/radio/
bayern2/wissen/radiowissen/tanne-weihnachtsbaum-weisstanne-100.
html.

Der Koran, aus dem Arabischen übersetzt von Max Henning, Stuttgart 1991.

Alfred Läpple, Kleines Lexikon des christlichen Brauchtums, Augsburg
1996.

Doris Laudert, Mythos Baum, 2. Aufl., München 1999.

Thomas Merton, Keiner ist eine Insel – christliche Meditationen,
München 1987.

Religion in Geschichte und Gegenwart, RGG, 4. Auflage, Tübingen 1998.

Dorothy L. Sayers, In die Wirklichkeit entlassen, hrsg. von M. Siebald,
Moers 1993, S. 22.

Brigitte Scheifele, Der Strahlenkranz lobt Gott, Evangelisches Gemeindeblatt für Württemberg 48/2014, S. 6 f.

Adolf Schlatter, Die Apostelgeschichte, Erläuterung zum Neuen Testament Bd. 4, Calw 1962.

Eduard Schweizer, Das Evangelium nach Matthäus, Neues Testament Deutsch Bd. 2, 4. Auflage, Göttingen 1986.

Ders., Das Evangelium nach Lukas, Neues Testament Deutsch Bd. 3, 3. Auflage, Göttingen 1993.

Georg Schwikart, Basiswissen Christentum, Gütersloh 2000.

Roland Spur, „Lange Zeit nicht gefeiert", Evangelisches Gemeindeblatt für Württemberg, 21/2015, S. 4 ff.

Theologische Realenzyklopedie, TRE, Göttingen 1977.

Michiko Yusa, Japanische Religionen, Freiburg 2007.

Weiterführende Literatur

Georg Austen, Maite Kelly (Hrsg.), Mit Kindern Feste gestalten und feiern, Kevelaer 2011.

Manfred Becker-Huberti, www.brauchtum.de

Manfred Becker-Huberti, Mechtild Hüsch, Feste feiern – Brauchtums-Kalender 2016, Aachen 2015.

Eckhard Bieger, Feste und Bräuche im Kirchenjahr, Leipzig 2015.

Karl-Heinrich Bieritz, Das Kirchenjahr – Feste, Gedenk- und Feiertage in Geschichte und Gegenwart, München 2014.

Albert Biesinger, Ulrike Mayer-Klaus, Heike Helmchen-Menke, Das Kirchenjahr mit Kindern, Freiburg 2014.

Frère Alois, Glauben wagen – die christlichen Feste im Jahr, Freiburg 2015.

Anselm Grün und **Michael Reepen,** Heilendes Kirchenjahr – Das Kirchenjahr als Psychodrama, Münsterschwarzach 2015.

Esther Hebert, Gesa Rensmann, Mein Mini-Bilderbuch – Unser Kirchenjahr, München 2015.

Dies., Erzähl mir was von Pfingsten, München 2013.

Waldemar Mandzel, Ulrike Stolz, Das Kirchenjahr mit Bildern erzählt, Kerpen-Buir 2015.

Peter Neysters, Karl Heinz Schmitt, Durch das Jahr – durch das Leben, 2. Aufl., München 2012.

Heidi Rose, Österliches Brauchtum den Kindern erklärt, Kevelaer 2015.

Dies., Weihnachtliches Brauchtum den Kindern erklärt, Kevelaer 2014.

Andrea Schwarz, Windhauch, Feueratem – eigentlich ist Pfingsten ganz anders, Freiburg 2014.

Angelika Thol-Hauke, Kochen durchs Kirchenjahr 2016, Hamburg 2015.

Manfred Becker-Huberti

Katholische Feiertage für Evangelische

Heilige Drei Könige

Die Reliquien der Dreikönige sollen der Legende nach durch Kaiserin Helena († 330), Mutter des ersten christlichen römischen Kaisers Konstantin (um 280–337), aufgefunden worden sein. Sie gelangten nach Konstantinopel und wurden von dort durch Bischof Eustorgius I. im 4. Jahrhundert nach Mailand verbracht. Sie ruhten in einem großen römischen Sarkophag in der Kirche San Eustorgio. Als Kaiser Friedrich Barbarossa 1162 Mailand eroberte und zerstörte, bemächtigte er sich auch der Reliquien der Stadt. Die Reliquien der hl. Dreikönige überließ er seinem Kanzler, dem Kölner Erzbischof Rainald von Dassel (1159–1167), der sie am 23. Juli 1164 feierlich in die Stadt Köln überführte.

Die hl. Dreikönige sollten Reichsheilige werden, was sie aber nie offiziell wurden, sie waren dennoch den deutschen Königen Vorbild und Fürbitter, weshalb sie nach ihrer Krönung in Aachen nach Köln zogen, zum Gebet vor dem Dreikönigsschrein. Die Gegenwart der drei Heiligen in Gestalt ihrer Reliquien darf für mittelalterliche Menschen nicht unterschätzt werden. Den Heiligen wurden starke Schutzkräfte zugesprochen: Sie helfen gegen Schicksalsschläge, sie wenden alles Böse von Mensch, Vieh und Haus. Die Bedeutung spiegelt sich bis heute in ihrem überaus kostbaren Reliquienschrein und in der für diesen Schrein gebauten Kathedrale, dem Kölner Dom.

Der Dreikönigstag (auch: Groß-Neujahr genannt, weil der Termin zeitweise auch als Jahresanfang galt) galt als gefürchteter Tag, an ihm enden die Raunächte, die unheilvollen Nächte zwischen Weihnachten und Dreikönige. Die Nacht vom 5. auf den 6. Januar ist die schlimmste und gefährlichste der

Raunächte, die Oberstnacht. An diesem Tag wurde das – ursprünglich als Abwehrhandlung gegen Schadzauber dienende – Türkreuz angebracht, das im Segenszeichen der Sternsinger (z. B.: 20*C+M+B*15) aufging. Am letzten Abend der zwölf Raunächte, der Oberstnacht, wurde ein dreifaches Mahl, das Dreikönigsmahl, eingenommen. Deshalb ist ein anderer Name der Oberstnacht Dreimahlsnacht. Man darf sich vorstellen, dass an diesem Abend ein fröhliches (Familien-)Fest gefeiert wurde, mit dem offiziell auch die Karnevalszeit begann. Beim Dreikönigsfest wurde seit dem 13. Jahrhundert der „König", der Freudenkönig oder Bohnenkönig, bestimmt.

Das Auslosen des Königs am Dreikönigtag für das Königsspiel geschah durch das Einbacken einer Bohne (Mandel, Erbse, Münze) in den Königskuchen; verschiedentlich wurden auch zwei Bohnenkerne eingebacken, wobei die schwarze Bohne den König und die weiße die Königin bestimmte. In Frankreich, wo es diesen Brauch auch gab, hieß der Kuchen Galette du Roi. Anderswo wurde der König durch Auslosen bestimmt; es wurden Losbriefe ausgestellt, sogenannte Königsbriefe. Der König musste – zu einem späteren Zeitpunkt – ein Königsessen ausrichten. Das Königsspiel oder Bohnenfest war in Europa weit verbreitet. In England nannte es sich „Lord of Misrule" (Herr der Unordnung und des Unfugs) mit der „Königin Markfett".

Der Bohnenkönig ernannte einen närrischen Hofstaat und feierte mit diesem das Bohnenfest oder Königsspiel. Wenn der König trank, mussten alle rufen: „Der König trinkt" und durften mittrinken. Dieser Satz wurde geradezu zum Synonym für dieses Spiel, das bis zur Mitternacht dauerte. Narrenreiche dieser Art sind zu Demonstrationszwecken auf Zeit eingerichtete Gegenreiche zum „Reich Gottes". Es soll gezeigt werden, dass die civitas diaboli, das Reich des Bösen, instabil, unfriedlich und destruktiv ist. Die mittelalterliche Fastnacht errichtete beim Dreikönigsfest oder Bohnenfest dieses Narrenreich des Bohnenkönigs im privaten Bereich für einen Tag oder einen Festabend. Dieses Fest enthält aber bereits die wesentlichen Elemente, die der Karneval im 19. Jahrhundert in gewandelter Form wieder aufnahm. Auch der Termin des alten Bohnenfestes wirkt bis heute nach: Als Karnevalssession oder als Zeit für Karnevalssitzungen und Maskenbälle gilt offiziell erst die Zeit von Dreikönige (6. Januar) an.

Übrigens hat das ständisch gegliederte Mittelalter durchaus auch soziale Verpflichtungen gekannt. Wenn die Herrschaften ihr Bohnenfest feierten, kamen auch die Dienstboten zu ihrem Recht. Sie feierten am Sonntag nach Dreikönige ein eigenes Königsspiel, das den Namen Schwarzer König trug. Bis zur Aufklärung waren die Heiligen Drei Könige auch Gegenstand eines Puppenspiels, das in der Kirche aufgeführt wurde, um die des Lesens Unkundigen einzubeziehen. Nach der Aufklärung wanderte das Puppenspiel aus der Kirche heraus; übrig blieb nur noch Kasper als Kasperle – immer ein Guter, der sich für andere mit dem Krokodil anlegt.

Mariä Lichtmess

Der Lichtmesstag – nach der Liturgiereform im Anschluss an das II. Vatikanische Konzil (1962–1965) erhielt dieser Tag durch den jetzt gebräuchlichen Namen „Darstellung des Herrn" seinen Christusbezug zurück – am 2. Februar hat ein biblisches Ereignis als Festanlass: Weil das mosaische Gesetz vorschrieb, ein neugeborenes Kind innerhalb einer bestimmten Frist in den Tempel zu bringen (vgl. Exodus, Kapitel 13, Verse 11–16; Levitikus, Kapitel 12, Verse 1–8; Jesaja, Kapitel 8, Verse 14–15; Jesaja, Kapitel 42, Vers 6) folgten – der Tradition nach – auch die Eltern Jesu dieser Vorschrift. Von dem greisen Simeon und der Prophetin Hanna wird Jesus als der eigentliche Herr des Tempels erkannt und benannt (Lukasevangelium, Kapitel 2, Verse 22–40). Dieses biblische Ereignis wurde zu einem christlichen Festanlass. In der Ostkirche wurde der Tag zu einem „Fest der Begegnung des Herrn": Der Messias kommt in seinen Tempel und begegnet symbolisch dem Gottesvolk des Alten Bundes. Im Westen wurde es mehr ein Fest Mariens: „Reinigung Marias" nach den mosaischen Vorschriften. Seit Anfang des 5. Jh. n. Ch. wurde in Jerusalem dieses Fest am 40. Tag nach der Geburt Jesu gefeiert. In Rom führte man das Fest 650 n. Ch. ein. Kerzenweihe und Lichterprozession kamen erst später hinzu, wodurch sich der Name „Mariä Lichtmess" einbürgerte. Das hatte seinen Grund darin, dass an diesem Tag die für das nächste Jahr benötigten Kerzen der Kirchen und der Familien geweiht wurden, weshalb Wachsmärkte, eben Licht(er)messen, durchgeführt wurden.

Christus selbst hat sich als das Licht der Welt definiert (Johannesevangelium, Kapitel 8, Vers 12). Das Johannesevangelium ist ganz wesentlich durch diese Lichtsymbolik geprägt. Christus als aufgehende Sonne, als derjenige, der Licht ins Dunkel bringt, nimmt uralte Metaphern auf, die schon für Jahwe gegolten haben: Als Feuersäule beschützt Gott die Israeliten beim Auszug aus Ägypten, im brennenden Dornbusch begegnet Gott dem Moses. Die Verklärten strahlen laut Bibel ein überirdisch helles Licht aus. Das Licht ist erstens eine Metapher der Nächstenliebe und zweitens eine der Vorsicht und Erwartung: Vor allem Kerzen symbolisieren die Nächstenliebe, weil sie Licht und Wärme spenden und sich selbst dabei für andere verbrauchen. Im Gleichnis von den Klugen Jungfrauen (Matthäusevangelium, Kapitel 25, Verse 1–13) versinnbildlicht die brennende Laterne die ständige Bereitschaft, die permanente Erwartung des Herrn.

Zu Mariä Lichtmess kommt noch einmal die weihnachtliche Lichtsymbolik zur Geltung: In der Kirche fand eine Lichterprozession statt und eine Kerzenweihe. Mancherorts wurden die Kerzen unterschieden: weiße Kerzen für Männer, rote für Frauen, schwarze Kerzen waren Wetterkerzen, die bei Unwetter angezündet wurden. Andernorts wurden besonders lange Kerzenstöcke in die Kirche getragen und geweiht, die dann zu Hause zerschnitten und den einzelnen Hausgenossen zugewiesen wurden. Das Licht, eben Christus, holte man so ins Haus und hatte ihn bei gemeinsamem Gebet, bei dem die Kerzen brannten, unter sich. Das galt besonders für das häusliche Rosenkranzgebet, bei Unwettern, bei schwerer Krankheit, Sterben und Tod. An diesem Tag fanden früher auch Lichterumzüge der Kinder statt. Festgebäck waren die Crêpes oder Pfannkuchen, die im Rheinland lautmalerisch an die französische Vokabel erinnern: Kreppchen hießen sie hier. Ebenfalls an diesem Tag wurden die Dienstleute entlohnt und hatten einige Tage arbeitsfrei, was man in Süddeutschland Schlenkeltage nannte. Die Knechte und Mägde besuchten ihre Angehörigen und feierten das Wiedersehen mit Umzügen und Festessen.

Für die Bauern begann nun die Feldarbeit, die Weihnachtszeit war offiziell zu Ende. Für die Handwerker hörte mit Lichtmess die Arbeit bei Kunstlicht auf. Den gleichen Endpunkt hatte die Spinnstubenzeit, die zu Martini begonnen hatte. Es hieß deshalb nicht nur: „Sankt Martin macht Feuer ins Kamin; dann, o Mädel, greif zum Rädl", sondern auch: „Lichtmess, 's Spinne' vergess". Deftig formulierte man am Niederrhein: „Um Martin schlachtet der Bauer sein Schwein, das muss bis zu Lichtmess gefressen sein." Zur Feier des

Tages gaben die Meister den Gesellen und Lehrlingen oft den Nachmittag frei, der so die Bezeichnung Lichtblaumontag erhielt und damit, wie einige Experten meinen, die sprachliche Vorlage für den berühmt-berüchtigten Blauen Montag geboten hat.

Aschermittwoch

Seit dem 6. Jahrhundert bildet der Mittwoch vor dem 6. Sonntag vor Ostern („Invocavit") den Auftakt zur österlichen Fastenzeit. Unter Einbeziehung von Karfreitag und Karsamstag und unter Ausschluss der Sonntage ergeben sich 40 Fastentage vor dem höchsten christlichen Feiertag, Ostern. Weil die Büßer in der Kirche an diesem Tag nach alter Tradition mit Asche bestreut und aus der Gemeinde ausgeschlossen wurden, erhielt dieser Tag den Namen Aschermittwoch. An Gründonnerstag wurden die öffentlichen Büßer wieder in die Gemeinde aufgenommen; deshalb bekam dieser Tag den Namen „Antlasstag" (von Einlass). Seit dem 10. Jahrhundert wurde die öffentliche Buße abgeschafft. Seitdem lässt sich die Austeilung des Aschenkreuzes für alle an diesem Tag nachweisen.

Der Fastenauftakt hat viele Namen. Die meisten Namen nehmen Bezug auf die tagesspezifische Asche: Aschetag, Eschtag, Öschriger Mittwoch. Asche als reales Symbol für die Vergänglichkeit und Bußgesinnung war im gesamten Orient zu Hause, natürlich auch in Israel. Als „Asche-Sprüche" wurden wertlose Reden bezeichnet (1. Buch Mose, Kapitel 18, Vers 27; Hiob, Kapitel 13, Vers 12), als „Aschehüten" die Götzenverehrung (Jesaja, Kapitel 44, Vers 20). Der Büßer sitzt „in Staub und Asche" (Hiob, Kapitel 30, Vers 19), streut sich „Asche auf sein Haupt" (2. Buch Samuel, Kapitel 13, Vers 19; 1. Buch Makkabäer, Kapitel 3, Vers 47) und kleidet sich in „Sack und Asche" (Esther, Kapitel 4, Vers 1; Jesaja, Kapitel 58, Vers 5; Matthäusevangelium, Kapitel 11, Vers 21; Lukasevangelium, Kapitel 10, Vers 13). Die neutestamentliche Formulierung, nach der in Sack und Asche Buße getan wird, fand Eingang nicht nur in deutsche Redensarten. Im Französischen heißt es: „Faire pénitence dans la sac et dans la cendre" (veraltet); im Englischen: „To repent in sackcloth and ashes"; im Niederländischen sagt man: „In zaken en as zitten".

Fronleichnam

Das Fest Fronleichnam am Donnerstag nach dem Dreifaltigkeitsfest feiert die Eucharistie als Opfer, Kommunion (Opferspeise) und – weil Katholiken glauben, Christus sei in Brot und Wein real gegenwärtig – als Gegenstand der Anbetung. Die Anregung zu diesem Fest entstammt einer Vision der heiligen Augustinernonne Juliana von Lüttich († 5.4.1258) und wurde im Bistum Lüttich 1246 eingeführt. Am 11. August 1264 wurde Fronleichnam durch Papst Urban IV. (1261–1264), zuvor Erzdiakon in Lüttich, als „Fest des Leibes Christi" (lateinisch festum corporis Christi, festum corpus domini) – im Deutschen mit dem Wort „vronlichnam" [= Herrenleib] wiedergegeben – zum allgemeinen kirchlichen Fest erhoben.

Den besonderen Charakter erhielt Fronleichnam durch die Prozession, die schon 1279 durch Köln zog. Gerade die Fronleichnamsprozession versinnbildlicht gelebtes Christentum: Zum Ende des Osterfestkreises symbolisiert sie den christlichen Lebensvollzug, das gläubige „Wallen", das Ziehen durch die Zeit, dem ewigen Vater entgegen. Es ist die Heimkehr der Kinder Gottes in das Himmlische Jerusalem.

In der Reformation wurde Fronleichnam zu einem konfessionsscheidenden Merkmal. Luther bezeichnete Fronleichnam 1527 als „allerschädlichstes Jahresfest". Ihm fehlte die biblische Grundlegung, Prozessionen galten ihm als Gotteslästerung. Das Konzil von Trient (1545–1563) bestätigte das Fronleichnamsfest, das nun einen demonstrativen Akzent bekam: Mit großem Aufgebot und Aufwand demonstrierten die Katholiken ihren Glauben. Subdiakone, Diakone, Priester, Nonnen, Mönche und Messdiener zogen mit Fahnen, Schellen und Weihrauch, begleitet von den Honoratioren und Erstkommunikanten, Gruppen von Frauen und Männern, geordnet nach Ständen, Verbänden, Bruderschaften und Vereinen. Betend und singend begleiteten sie durch festlich geschmückte Straßen das Allerheiligste.

Der antike Blumenstreubrauch – heutzutage manchmal noch zu Fronleichnam oder bei Hochzeiten zu sehen –, bei dem früher der Boden der Festgemächer zur Ehre der Gäste mit Blumen bestreut wurde, hat sich durch Fronleichnam im kulturellen Gedächtnis bewahrt.

Mariä Himmelfahrt

Das Fest der leiblichen Aufnahme Marias in den Himmel, das Fest Mariä Himmelfahrt, wurde in der Ostkirche schon vor dem 5. Jh. n. Ch. gefeiert. Vor allen anderen Marienfesten steht Mariä Himmelfahrt (auch Großer Frauentag, Maria Würzweih oder Büschelfrauentag genannt) in Verbindung mit Brauchtum. Wenn die ersten Baum- oder Strauchnüsse (Wal- und Haselnüsse) reif waren, schenkte man sie den Kindern am 15. August als Mariennüsse. Früher war es wie andere Feste auch mit einer Kräuterweihe verbunden, heute ist es fast überall nur noch das Fest der Aufnahme Mariens in den Himmel. Die Frage, warum gerade dieses Fest mit Kräutern in Verbindung steht, lässt sich nur spekulativ beantworten. Wohl kaum dürften die Marienlegenden ursächlich sein: Nach der Legenda aurea (einer Sammlung von Heiligenlegenden) wurde auf Weisung eines Engels dem Leichnam Mariens eine Palme vorausgetragen; als Christus selbst drei Tage nach dem Tod seiner Mutter auf Erden erschien, um sie auf ihrem Weg in den Himmel zu begleiten, berichtet dieselbe Legende, habe sich ein unaussprechlicher Duft verbreitet. Eine jüngere Legende erzählt, man habe, als man das Grab Mariens später geöffnet habe, nur Rosen vorgefunden. Eher ist wahrscheinlich, dass die jahreszeitlich bedingte Getreidereife und Hochblüte der Natur in Erinnerung brachten, dass Maria traditionell als „Blume des Feldes und Lilie in den Tälern" (Hoheslied, Kapitel 2, Vers 1) verehrt und seit dem 5. Jahrhundert als „guter und heiliger Acker" benannt wurde, der eine göttliche Ernte brachte.

Die Zeit zwischen dem 13. bzw. 15. August und dem 13. bzw. 15. September, etwa dreißig Tage lang und deshalb Frauendreißiger oder Frauendreißigster genannt, galt als eine besinnliche Zeit, die besonders dem Mariengebet geweiht war. Zwischen dem „Großen Frauentag" (15. August: Mariä Himmelfahrt) und dem Kleinen Frauentag (8. September: Mariä Geburt) bot es sich förmlich an, „unsere liebe Frau", wie Maria über Jahrhunderte hieß, in den Mittelpunkt der Betrachtung zu stellen. Es war die Zeit der Marienwallfahrten.

Die Gottesmutter war und bleibt in ihrer Schlichtheit und Mütterlichkeit vielen Menschen oft näher als der unbegreifliche und allmächtige Gott. Die Gottesgebärerin ist zugleich die erste Christin, die beispielgebend das Christsein vorgelebt hat.

Allerheiligen

Das ausklingende Kirchenjahr gedenkt bei den Katholiken nicht nur der Verstorbenen (Allerheiligen), sondern auch des Sterbens der noch Lebenden (Allerseelen). Das Kommen des Reiches Gottes, Buße und Weltgericht stehen im Mittelpunkt der liturgischen Betrachtungen der Kirchen. Allerheiligen geht auf Sammelfeste zurück, die im Gedenken an alle heiligen Märtyrer und übrigen Heiligen bzw. die Heiligen einer bestimmten Region im christlichen Altertum begangen wurden. Zunächst im österlichen Umfeld angesiedelt, entstand im 8./9. Jahrhundert in Irland – als der Zusammenhang zwischen diesem Fest und Ostern verblasste – ein neuer Festtermin: Der 1. November markiert hier den Winterbeginn und ist zugleich Kirchenjahresanfang. Hintergrundfolie ist nun nicht mehr Ostern, sondern die sterbende Natur, durch die die ewige Welt der Heiligen sichtbar wird. Durch die irisch-schottischen Missionare gelangte das Allerheiligenfest am 1. November im 9. Jahrhundert auf den Kontinent.

Allerseelen

Der Tag ist tief im Volksbewusstsein verankert und wird von einer „Sippenfrömmigkeit" gespeist. Nach altem christlichem Volksglauben, der auch in evangelischen Gebieten verbreitet war, stiegen die Armen Seelen an Allerseelen aus dem Fegfeuer zur Erde auf und ruhten für kurze Zeit von ihren Qualen aus. Zuwendungen für Arme, Mönche, Nonnen und Patenkinder (z. B. das Seelspitzbrot, ein Gebildebrot, oder Seelenkuchen, kleine runde Mürbeteigkekse mit Rosinenaugen und Mündern aus kandierten Kirschen, oder Seelenbrote, Seelenzopf, Stuck, Allerseelenbrötchen), aber auch spirituelle Gaben wie Gebet, Licht und Weihwasser prägten diesen Tag. An manchen Orten finden feierliche Prozessionen der Gläubigen auf den Friedhof statt, wobei auch die Priestergräber besucht werden. Der Kirchenchor intoniert auf dem Friedhof den Hymnus „Dies irae, dies illae" (das „Dies irae", zu Deutsch „Der Tag des Zorns", ist ein alter Kirchenhymnus, der sich auf den Tag des Jüngsten Gerichts bezieht; er ist Bestandteil der Totenmesse, des sogenannten Requiems).

Die Autoren

Uwe Metz ist auf Geschichten versessen. Deshalb ist der evangelische Theologe nicht nur Buchhändler sondern auch Schriftsteller geworden.
Er ist verheiratet mit Katja Metz. Sie hat bei der Entstehung dieses Buches mitgearbeitet.

© Christine Langer

Die freischaffende Illustratorin **Constanze Guhr** studierte nicht nur Bildende Kunst an der Universität der Künste Berlin, sondern gründete mit anderen auch das Atelier petit4 in Berlin. Hier entstehen ihre Geschichten erzählenden, poetischen Illustrationen für Bücher und Zeitschriften.

Manfred Becker-Huberti kennt sich mit Brauchtum, Heiligen und deren Verehrung bestens aus. Er hat zahlreiche Bücher hierzu geschrieben und ist mit diesen Themen auch im Internet aktiv. Er lehrt an der Philosophisch-Theologischen Hochschule Vallendar sowie an der Katholischen Hochschule Nordrhein-Westfalen in Köln.

Die Deutsche Bibliothek verzeichnet diese Publikation in der Deutschen Nationalbibliografie; detaillierte bibliografische Daten sind im Internet über http://dnb.ddb.de abrufbar.

© 2015, Verlag und Buchhandlung der Evangelischen Gesellschaft GmbH, Stuttgart
Augustenstraße 124, 70197 Stuttgart, Telefon 07 11/60 10 00, Fax 6 01 00 76, www.verlag-eva.de

Gestaltung und Satz: Cornelia Fritsch, Gerlingen
Illustrationen: Constanze Guhr, Berlin
Umschlagfoto: leno2010 – Fotolia
Druck: CPI – Ebner & Spiegel, Ulm
ISBN 978–3–945369-18-0